Gestão para o sucesso

INSTITUTO PHORTE EDUCAÇÃO
PHORTE EDITORA

Diretor-Presidente
Fabio Mazzonetto

Diretora-Executiva
Vânia M. V. Mazzonetto

Editor-Executivo
Tulio Loyelo

Gestão para o sucesso
Atividades físicas em condomínios

Marcello Barbosa
Tufic Derzi

São Paulo, 2011

Gestão para o sucesso: atividades físicas em condomínios
Copyright © 2011 by Phorte Editora

Rua Treze de Maio, 596
Bela Vista – São Paulo – SP
CEP: 01327-000
Tel./fax: (11) 3141-1033
Site: www.phorte.com.br
E-mail: phorte@phorte.com

Nenhuma parte deste livro pode ser reproduzida ou transmitida de qualquer forma, sem autorização prévia por escrito da Phorte Editora Ltda.

CIP-BRASIL. CATALOGAÇÃO-NA-FONTE
SINDICATO NACIONAL DOS EDITORES DE LIVROS, RJ

B199g

Barbosa, Marcello
Gestão para o sucesso: atividades físicas em condomínio / Marcello Barbosa, Tufic Derzi. - São Paulo: Phorte, 2011.
192p.: il.

Inclui bibliografia
ISBN 978-85-7655-335-9

1. Condomínios - Áreas de recreação - Administração. 2. Liderança recreativa. 3. Recreação - Orientação profissional. 4. Professores de Educação Física. I. Derzi, Tufic. II. Título.

11-4036.   CDD: 790.069
CDU: 793
04.07.11   07.07.11
027746

Impresso no Brasil
Printed in Brazil

Este livro foi avaliado e aprovado pelo Conselho Editorial da Phorte Editora.
(www.phorte.com.br/conselho_editorial)

Dedicatória

Nunca um trabalho representou tanto para mim como este livro, e nunca as pessoas mais importantes da minha vida se fizeram tão presentes. Lucas e Matheus, meus filhos e amigos maravilhosos, e Juju, minha princesinha sempre tão carinhosa, que vivia me perguntando quando eu terminaria de escrevê-lo. Amo vocês.

Marcello Barbosa

Agradecimentos

Primeiramente a Deus, que tem me proporcionado momentos maravilhosos como este. Aos meus pais, Moysés e Maria Tereza, que nunca mediram esforços para me apoiar na busca por meus sonhos. Aos meus filhos, Lucas, Matheus e Julie, que são as maiores motivações de minha vida. A todos os meus amigos, que se mostraram presentes sempre quando eu precisei, como meu irmão de sangue Marcos Barbosa e meus irmãos por escolha Marcelo Araújo "Mosquito", Ayrton Júnior "Peixe" e Marcos Batuli "Marcão".

Marcello Barbosa

Ao meu bom Deus, por sempre me proporcionar uma vida digna, alegre e cercada de pessoas maravilhosas num aprendizado constante.

Ao professor Marcello Barbosa, por ter sugerido esta obra bibliográfica.

Ao professor Sérgio Sartori, pelo caminho do Ensino Superior.

Ao professor Ernani Contursi, pela liderança em minha profissão.

Ao professor Diogo Gonçalves, pela contribuição na cessão de material bibliográfico.

Ao professor André Codea, pelo apoio na edição deste livro.

Tufic Derzi

"Uma viagem de mil milhas começa com o primeiro passo"

Lao-Tsé

Prefácio – Daniel Godri

O professor Tufic Derzi é especialista em *Marketing Esportivo*, mestre em fazer amigos e encantar pessoas.

Ele, como ninguém, pode lhe dar ótimas orientações para transformar sonhos em realidades, pequenos projetos em grandes ideias e empresas iniciantes em organizações de sucesso.

Nesses anos em que o conheço, descobri que o Tufic é campeão na maioria de suas atividades; aliás, descobri também que seu esporte preferido é fazer sucesso para seus alunos.

Aproveite este livro e descubra os caminhos que podem ajudá-lo a ser um gestor de sucesso.

Daniel Godri
Escritor e palestrante

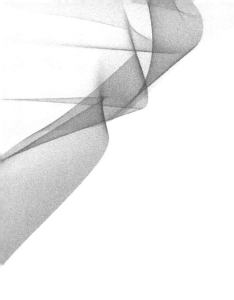

Sumário

Introdução 17

1 Pensando a Educação Física 21

2 Mercado atual e potencial 25

3 Abrindo sua empresa *fitness* 33
3.1 Definição de empresa 35
3.2 Definição de negócio 35
3.3 Organização: conceito 37
3.4 Como devo estruturar minha empresa? 42
3.5 Legalização e razão social da empresa 46

4 Plano de negócios	49
4.1 Planejamento	49
4.2 Elaboração de um plano de negócios	51
4.3 Conteúdo de um plano de negócios	55
4.4 Produto	57
4.5 Mercado de trabalho	58
4.6 A empresa	63
4.7 Estratégias do negócio	72
4.8 *Marketing*	86
5 Elaboração e vendas de projetos	97
5.1 O passo a passo da confecção do projeto	98
5.2 Detalhamento do projeto (proposta comercial)	102
5.3 Diferencial competitivo: como concorrer no mercado	104
5.4 Estratégia para impactação	106
6 Diagnóstico: A escolha das atividades e a elaboração da grade	113
6.1 Espaço físico	114
6.2 Número de unidades	114
6.3 Localização geográfica	114
6.4 Perfil dos moradores	115
6.5 Resultado da pesquisa	120
7 Planilha de custos e lucro prospectado	123
8 A arte da negociação: apresentação e fechamento de projetos	127
8.1 Teoria DISC	132
9 Gestão de sua empresa	137
9.1 Seleção e recrutamento de pessoal	137
9.2 Treinamento	138
9.3 Atendimento de excelência	139

9.4 Determinação das funções 140
9.5 Gestão de eventos 141
9.6 Planilhas de controle 142
9.7 Retenção de clientes 156

10 Aspectos inter-relacionais: liderança e motivação da equipe 181

Referências 189

Introdução

A Educação Física vive um momento muito especial em relação às possibilidades de atuação e às oportunidades do mercado. Diversas são as áreas em que o profissional bem-preparado pode atuar, contribuindo para a disseminação dos conceitos e das práticas de saúde e proporcionando os benefícios já comprovados da atividade física bem-orientada. Como profissão reconhecida e regulamentada, a cada dia surgem novos nichos de mercado, potencializando e preparando essa atividade profissional que, por essência, é a única que promove e desenvolve de fato a saúde e a qualidade de vida. Entre esses novos nichos de atuação, destacam-se os condomínios residenciais, que são uma excelente oportunidade para a atuação do profissional de Educação Física.

Ao contrário do que acontecia no passado, quando se destinavam espaços mínimos e desestruturados para as salas de *fitness*, os novos condomínios estão sendo construídos com uma proposta inovadora de centros de *fitness* e lazer, investindo-se numa estrutura interna que permite ao morador realizar atividades físicas sem sair de casa. São áreas planejadas e estruturadas para práticas de atividades físico-recreativas, que podem contar com quadras poliesportivas, de tênis, academia de ginástica, piscina para hidroginástica e natação, espaço *teen* e uma série de outras características voltadas ao exercício e ao esporte.

Essa nova característica de construção agrega valor ao condomínio e tem atraído cada vez mais pessoas, preocupadas com o bem-estar e a comodidade. Tornou-se um diferencial para as construtoras e uma forma de atrair mais clientes, reduzindo o foco no preço e ressaltando o produto. Além disso, a facilidade do acesso, a segurança do condomínio, a proximidade da família e o baixo custo do serviço (em comparação às mensalidades das academias) são razões mais que suficientes para se apostar nesse mercado emergente para a Educação Física. Outra importante mudança na estrutura familiar tem contribuído muito para essa tendência: a maior participação da mulher no mercado de trabalho que, consequentemente, não pode cuidar dos filhos o dia todo e aproveita a estrutura do condomínio para deixá-los com lazer e segurança.

Mas, para que isso ocorra de forma organizada, é preciso planejamento e estratégias que possibilitem o acesso e sua manutenção nesse mercado, que, por ser recente, ainda necessita convencer de sua importância para a saúde e a segurança dos praticantes e da legalidade de uma intervenção dessa natureza, o que, sem dúvida, só deverá acontecer por meio da atuação competente de uma empresa ou equipe de profissionais que atuem desde a confecção e apresentação de um projeto até a gestão propriamente dita das atividades físicas contratadas.

Pensando a Educação Física

Em relação a todo o crescimento dos últimos anos, a Educação Física não pode se considerar ainda uma profissão prestigiada. Se por um lado os serviços e as áreas de atuação do profissional não foram esclarecidos à população, existe, por outro lado, ainda uma passividade e um comodismo incômodo por parte de grande parcela dos profissionais da área, o que contribui ainda mais para um posicionamento instável da profissão. É inadmissível e ao mesmo tempo muito preocupante o posicionamento (ou a falta dele) de grande parte dos profissionais da área, alheios e alienados, que não assumem responsabilidades básicas e inerentes à profissão, como ética, união, compromisso e respeito. É importante posicionar-se, organizar-se e tomar parte dessa luta para fortalecer a identidade profissional.

Quais as atribuições e responsabilidades de um profissional de Educação Física? Qual a sua área de atuação? O que se espera dele? Quais os saberes e qual a sua aplicabilidade prática na vida das pessoas? Por fim, qual profissional de Educação Física saberia responder claramente a essas indagações?

A questão que parece central em todo esse processo baseia-se nestas duas premissas: falta de identidade e passividade. Identidade relaciona--se diretamente com reconhecimento, e, para que isso ocorra, é necessária a estruturação de um arcabouço de saberes interligados, complementares e pertinentes à sua área de atuação de modo que os objetos de intervenção, os atores do processo e as limitações profissionais sejam bem-definidos. É interessante notar que a exclusividade da intervenção de uma categoria profissional no mercado é justificada "pelo valor social do trabalho e pelo perigo decorrentes de seu mau uso" (Freidson, 1988) e caracteriza a identidade profissional (quem somos? o que fazemos? como fazemos?) e o reconhecimento social (a sociedade sabe quem procurar quando precisar dos serviços).

Assim, a Educação Física cresce, sem dúvida, mas ainda de modo desordenado, um tanto pulverizada demais em seus desdobramentos, o que dificulta a estabilidade da profissão e seu respaldo social. Precisa urgentemente contar com todos os seus representantes, toda a sua força intelectual, política e até marqueteira, se necessário, para se impor e se reapresentar no mercado como sendo legitimamente a profissão do movimento e do bem-estar. A partir desses módulos de intervenção, definir-se-ia a abrangência dos pontos relacionados, que seriam estabelecidos e defendidos como saberes da Educação Física e objetos de atuação do profissional da área, e não conteúdos independentes e disponíveis a todas as profissões. Contudo, para isso acontecer dessa maneira, é fundamental o envolvimento incondicional da sua "prole" e das instituições de saberes formadoras desse segmento, ou seja, da unificação de esforços e do sacrifício pessoal de cada um de nós. O engajamento nessa luta promove, logo num primeiro momento, a atenção da sociedade a um movimento de conscientização popular, o que gera debate em grande escala, resultando, pelo menos, na formação de uma opinião pública sobre o tema.

2
Mercado atual e potencial

A partir dos anos 1990, os condomínios deixaram de ser apenas um local de moradia, restritos às suas unidades autônomas, para se transformar em centros estruturados voltados para o lazer e serviços de ordem básica. Eles incorporaram em suas dependências, além da piscina, opções como parques infantis, brinquedotecas, pistas de corrida, salões de jogos e quadras poliesportivas. Mais recentemente, uma nova estrutura foi incorporada a esse "clube" residencial, destinada à prática de exercícios físicos para todas as idades. São as salas de musculação e ginástica, que funcionam como verdadeiras academias; algumas, inclusive, são equipadas com aparelhos de última geração. Essas novas salas se contrapõem radicalmente às primitivas e antigas "salas *fitness*", que eram minúsculas e desaparelhadas. Ninguém as frequentava. Na verdade, serviam como depósito ou a outros fins que em nada se assemelhavam à proposta a que se destinavam.

O conhecimento do mercado de condomínios é essencial para que você e sua equipe possam formatar e desenvolver o plano de negócios da sua empresa. A identificação e a compreensão dos sinais que esse mercado fornece podem ser fundamentais para que se possa estar na vanguarda dos acontecimentos e desfrutar de vantagens competitivas nos negócios.

O mercado atual dos condomínios residenciais encontra-se em pleno crescimento. Os investimentos das construtoras em estruturas de lazer e serviços *at home* justifica-se pela busca de considerável parcela da população por um estilo de vida diferente da agitação e da violência dos grandes centros urbanos, o que tem fomentado a procura por alternativas que agreguem segurança, conforto, comodidade, tranquilidade e, principalmente, adequação ao seu perfil e atendimento às suas necessidades e preferências.

Hoje em dia, o consumidor do mercado imobiliário está cada vez mais exigente no momento de adquirir um imóvel. Além de ter um bom aproveitamento do espaço interno e acabamento de boa qualidade, o cliente exige que o empreendimento ofereça algo a mais. Uma boa área de lazer, segundo especialistas do setor, tem sido atualmente considerada tão importante quanto a localização do imóvel, e esse diferencial é o que tem definido as escolhas desse cliente.

A tendência é que, cada vez mais, os condomínios sejam construídos com investimentos em áreas de lazer e serviços e que, em pouco tempo, essa estrutura faça parte obrigatória de todo e qualquer empreendimento. Mais uma vez, o diferencial passará a focar o serviço e a qualidade do atendimento em vez da estrutura física do condomínio.

Se você acompanha os anúncios de lançamentos no mercado imobiliário, certamente já verificou o grande número de conjuntos de prédios e casas que oferecem "ampla área de lazer" nas suas dependências. São os chamados condomínios-clube ou clubes residenciais, cuja ideia é que os moradores desfrutem de uma infraestrutura de lazer e serviços tão abrangente e variada que possibilite que não saiam de casa ou, pelo menos, reduzam isso ao máximo.

São serviços de academia, correios, farmácia, padaria, lojas e outros mais, além de áreas destinadas ao lazer e ao convívio social. Hoje, o conceito de área de lazer mudou e não se restringe apenas à churrasqueira e à piscina.

Morar, divertir-se e ainda fazer exercícios físicos em um mesmo lugar parece uma proposta complexa, mas condomínios já têm montado completas academias de ginástica em suas áreas úteis. Há edifícios, inclusive, que abrem mão até do salão de festas para montar uma sala de musculação.

Todo esse movimento que está sendo construído tem gerado oportunidades para outros segmentos correlatos ao exercício e à saúde, como as empresas que fabricam ou comercializam equipamentos e acessórios de ginástica. Muitas já contam com um departamento específico para vendas e manutenção de equipamentos para condomínios, enquanto outras foram criadas somente para atender a esse segmento. É um mercado em plena ebulição!

Essa transformação conceitual e estrutural dos novos condomínios demanda, necessariamente, serviços relativos às áreas que foram planejadas e edificadas para o lazer e a saúde. São espaços que precisam "ter vida" e ser aproveitados pelos moradores por meio de ações rotineiras desenvolvidas por agentes motivadores e transformadores, que são os profissionais de Educação Física. Síndicos e administradores precisam entender a importância da contratação desses profissionais para a segurança, a promoção da saúde, a integração social, o desenvolvimento motor infantil e por inúmeras outras razões. Além de serem mais que uma ferramenta de oposição à violência, o esporte e o lazer congregam uma série de fatores de enriquecimento físico, intelectual e moral que, trabalhados de modo competente, são representativos e fundamentais para o desenvolvimento do cidadão. Se, mesmo assim, eles não se convencerem, diga que esse investimento ajuda muito na venda de imóveis.

Os residenciais que seguem o conceito de condomínio-clube têm suas vendas sustentadas principalmente por esses serviços, e as construtoras têm abusado da criatividade para oferecer aos moradores opções diferenciadas, como uma quadra de *squash* ou um campo de minigolfe. É a disputa por um mercado cada vez mais exigente que requer soluções inteligentes e eficazes.

Esse mercado é tão promissor que as grandes academias já estão se aprofundando nesse negócio.

Os condomínios mais luxuosos são alvos dessas academias e perceberam a necessidade de reinventar seus serviços e irem ao encontro dos clientes, em vez de apenas esperá-los. Muitas já contam com um departamento cuja estrutura está focada na administração de condomínios e na prospecção de novos negócios.

Não possuir uma academia no condomínio não é mais desculpa para não proporcionar qualidade de vida aos moradores. Mesmo em condomínios que não dispõem desse tipo de espaço montado, é possível contar com atividades físicas diferenciadas que trazem benefícios para a saúde dos moradores, aumentam a convivência e melhoram o relacionamento entre eles. Atividades como ioga, *tai chi chuan*, dança de salão, artes marciais, lutas, corridas, caminhadas, alongamento, relaxamento, escolinha de desporto, recreação para crianças e até atividades específicas para idosos são algumas das inúmeras modalidades que podem ser desenvolvidas no condomínio, mesmo que não haja sala de ginástica.

Um levantamento realizado no mercado de São Paulo pela Administradora Lello, que já está há mais de cinquenta anos no mercado imobiliário, aponta que entre 2009 e 2011 o número de empreendimentos do tipo clube na capital e região metropolitana crescerá 114%, passando dos atuais 140 para 299 condomínios e representando 18% do total de novos lançamentos imobiliários (www.lellocondominios.com.br).

Por tudo isso, podemos concluir que esse nicho é uma oportunidade única para a nossa profissão!

Pense nisso!

A oportunidade aparece para todos, em maior ou menor grau e com maior ou menor frequência. Fazer a diferença é assumir que é necessária ação para transformá-la em algo bem-sucedido.

3
Abrindo sua empresa *fitness*

Atualmente, a ocupação profissional na área de *fitness* do mercado de condomínios é dividida entre profissionais liberais (*personal trainers*) e microempresas. Apesar de não haver nenhum estudo mais elaborado nesse sentido, poderíamos afirmar, de modo geral, que o domínio desse mercado está sob a tutela do primeiro grupo, trabalhando sozinhos ou em equipe e, na maioria das vezes, sem nenhum vínculo com a administração ou o conselho do condomínio. A informalidade dessa situação vem sendo percebida gradualmente, e já começou a ocorrer, nos dias atuais, uma mobilização em favor de um contexto mais organizado que possa contribuir com o crescimento desse nicho e regularizar a situação trabalhista dos profissionais e das empresas envolvidas.

Embora ainda apostemos num contexto individual de prestação de serviços, é notória a constatação da multiplicação de empresas especializadas que estão entrando nesse mercado e se especializando no atendimento dessa demanda. O crescimento desse setor está tão acelerado que os profissionais da área já perceberam uma oportunidade real de lucratividade e visibilidade profissional por meio de um planejamento consistente e estruturado, totalmente focado nesse nicho de mercado.

São as empresas *fitness*, formadas, na sua maioria, por profissionais de Educação Física, homens e mulheres empreendedores e visionários, arrojados e exímios representantes do perfil desejado da nossa profissão.

Os condomínios, que lidavam com isso de modo amador e, até certo ponto, irresponsável, por permitir a prática de exercícios sem supervisão profissional, já vêm despertando para uma nova era no atendimento de atividades físicas *"at home"* e começam a se mobilizar para contratar profissionais e empresas especializadas a fim de operar em suas dependências, em locais destinados ao esporte e ao lazer.

3.1 Definição de empresa

Uma empresa é um conjunto organizado de meios que visam a exercer uma atividade particular, pública ou de economia mista que produz e oferece bens e/ou serviços com o objetivo de atender a alguma necessidade humana.

3.2 Definição de negócio

O negócio é definido como a aplicação de recursos para criar produtos e serviços cujo objetivo é satisfazer às necessidades do mercado. Seria toda atividade de ordem econômica que visa à lucratividade.

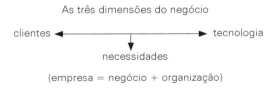

Figura 3.1 – As três dimensões do negócio.

3.2.1 Clientes

São a razão da existência de um negócio e devem ser tratados de acordo com sua importância. Por isso, é imprescindível para a empresa conhecer o mercado que deseja atingir, as características dos possíveis clientes, seu perfil e suas necessidades para que o produto ou serviço oferecido seja tão bom e necessário que todos desejem comprar.

3.2.2 Necessidades

Por definição, *necessidade* é a sensação da falta de algo indispensável, útil ou cômodo ao homem.[1] Ainda sobre essa definição, uma necessidade pode ser *primária* (aquela que, se não for satisfeita, afetará a saúde do homem) ou *secundária* (aquela que, se não for satisfeita, não afetará a saúde do homem). Todo produto ou serviço deve atender a uma necessidade para que seja comprado. Desse modo, é importante que esse produto, bem ou serviço seja adequado ao consumidor para que ele sinta desejo de adquiri-lo. No caso de uma empresa de serviços, especialmente

---
[1] Fonte: Wikipédia. Acesso em: 7 abr. 2010.

no ramo de *fitness* e saúde, em que o relacionamento interpessoal desenvolve-se constantemente, o que esperar senão uma completa adequação do que a empresa proporciona às expectativas dos clientes?

3.2.3 Tecnologia

Tecnologia é conhecimento, informação, atualizações de produtos ou ferramentas de trabalho; é a capacidade de combinar informações e recursos para desenvolver, capacitar, expandir ou melhorar determinado produto, instrumento ou serviço. Tem como pilares a pesquisa e a informação, que geram recursos para o desenvolvimento e a adequação de produtos e serviços ao mercado consumidor. Uma empresa moderna e voltada para o crescimento investe constantemente em tecnologia. Desse modo, atende melhor, adquire espaço no mercado, fortalece sua marca e agrega mais valor aos seus serviços.

3.3 Organização: conceito

A organização é definida como a maneira pela qual são administrados os recursos do negócio. Trata-se de um sistema de reunião de recursos humanos e estruturais com fins de se alcançar os objetivos de uma empresa. É delegar, responsabilizar pessoas ou grupos que compões setores, realizar determinadas tarefas ou funções com objetivos comuns. A organização pode ser definida pela materialização do conceito do negócio e apresenta, também, três dimensões, conforme ilustração a seguir.

FIGURA 3.2 – As três dimensões da organização.

3.3.1 Pessoas capacitadas

Os recursos humanos das empresas constituem o elemento-chave para o sucesso do seu negócio. Esse departamento deve contar com pessoas comprometidas e capacitadas, integradas ao processo e voltadas aos objetivos comuns da empresa. Deve-se ter preocupação total com o processo de recrutamento e seleção dos recursos humanos para o bom funcionamento do negócio. Cursos de capacitação e aperfeiçoamento devem ser executados periodicamente a fim de manter, atualizar e superar o nível de instrução atual, promovendo *upgrade* profissional, colaborando com o crescimento e o sucesso do negócio.

3.3.2 Sistemas e processos

Referem-se às rotinas técnicas e administrativas do negócio e às ferramentas que o compõem. É o conjunto de procedimentos realizados na empresa ou por meio dela e pelas pessoas que a compõem e representam com o objetivo de otimizar o serviço oferecido. A elaboração das rotinas estabelece quais ações devem ser tomadas em cada momento, qual fluxo deve ser seguido e as funções dos colaboradores. É de suma importância, pois define responsabilidades, aponta erros de processo e serve para corrigir ou aperfeiçoar as ações ou as funções das pessoas envolvidas. Quando se determinar as rotinas a serem seguidas, algumas dicas são importantes:

- observar o fluxo natural antes de fechar uma rotina preestabelecida;
- evitar a participação exagerada de pessoas no processo;

- capacitar e treinar periodicamente os colaboradores;
- treinar todos os envolvidos em todas as funções;
- esclarecer funções e responsabilidades;
- monitorar as ações e promover *feedback* dos resultados;
- reavaliar o processo e promover as adaptações necessárias.

Para que haja melhor visualização e entendimento desses sistemas e processos, recomendamos a montagem de um fluxograma, que seja detalhado e represente passo a passo as ações desenvolvidas. Os exemplos apresentados a seguir ilustram esse processo.

Exemplo 1 – Fluxograma de clientes novos na academia.

Opção 1– Cliente saudável

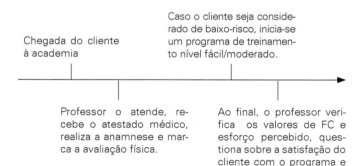

Opção 2 – Cliente inspira cuidados

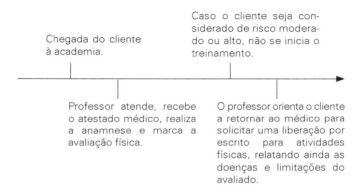

Chegada do cliente à academia.

Caso o cliente seja considerado de risco moderado ou alto, não se inicia o treinamento.

Professor atende, recebe o atestado médico, realiza a anamnese e marca a avaliação física.

O professor orienta o cliente a retornar ao médico para solicitar uma liberação por escrito para atividades físicas, relatando ainda as doenças e limitações do avaliado.

Exemplo 2 – Fluxograma de procedimentos da supervisão.

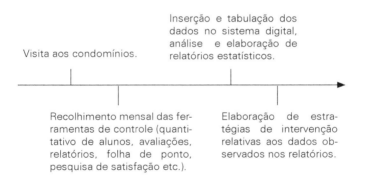

Visita aos condomínios.

Inserção e tabulação dos dados no sistema digital, análise e elaboração de relatórios estatísticos.

Recolhimento mensal das ferramentas de controle (quantitativo de alunos, avaliações, relatórios, folha de ponto, pesquisa de satisfação etc.).

Elaboração de estratégias de intervenção relativas aos dados observados nos relatórios.

3.3.3 Estrutura

Relaciona-se à parte física e econômica da empresa. A estrutura física é composta do(s) local(is) onde funcionarão a base e suas dependências, dela constando todos os equipamentos e maquinários, móveis, veículos e materiais utilizados para a execução das tarefas. A estrutura econômica está relacionada ao capital social da empresa, aos recursos e aos bens de que ela dispõe, assim como o crédito junto das instituições financeiras. A junção desses elementos compõe a estrutura geral da empresa.

3.4 Como devo estruturar minha empresa?

Quando pensamos na estrutura empresarial de nosso próprio negócio, é natural que surjam muitas dúvidas iniciais, referentes a questões como quanto investir, ter ou não um escritório, compra de equipamentos, uniformes, quando iniciar as contratações de funcionários, contador, serviços terceirizados etc. São tantas possibilidades que as escolhas dos gestores do negócio tornam-se difíceis. Nesse caso, sugerimos recorrer ao *best-seller Os 7 hábitos das pessoas altamente eficazes*, de Stephen R. Covey (2003), em que o autor evidencia o hábito "primeiro, o mais importante" como elemento fundamental do sucesso.

Significa que, num conjunto de opções, devemos eleger uma escala de prioridades, iniciando pela questão de maior importância para a empresa, relacionado ao momento atual, passando em seguida às demais prioridades. Deve-se ter atenção àquelas tarefas que constituem pré-requisitos para outras e, por isso, devem ser resolvidas rapidamente.

Uma estratégia básica para micro e pequenas empresas é trabalhar sempre com baixo custo fixo. Isso é ainda mais necessário quando a empresa está iniciando e ainda não possui clientela formada. Muitas vezes, as empresas são criadas sem que haja ainda clientes, ou seja, receita, tendo os custos saldados pelo capital de investimento do negócio ou pelos próprios sócios. Por isso, uma estrutura enxuta e inteligente deve ser prioridade absoluta! Deve acompanhar o crescimento do negócio, sendo equipada conforme o aumento da receita e a necessidade real de novos investimentos, pois muitos empresários ficam eufóricos demais com um aumento de receita e, sem necessitar, investem na estrutura, aumentando, inclusive, o custo fixo. São mais funcionários, diluição e criação de funções e departamentos, aumento de estoque e outras ações que não constituem necessidades reais. Assim, a folha de despesa torna-se "inchada", podendo causar, na eventualidade de uma evasão de clientes, grandes dores de cabeça para os empresários.

Basta começar, então, pelo básico e realmente necessário. Lembre-se dos custos indiretos de um novo funcionário. Somente contrate mais um quando aqueles que já trabalham estiverem em seu limite de atuação, não podendo mais agregar nova função ou responsabilidade necessitada pela empresa. Uma boa organização funcional e processual e a produção de uma matriz de responsabilidades, conforme exemplificado a seguir, aumentam a percepção da empresa e dos funcionários sobre "quem faz o quê" e "o que está faltando fazer".

3.4.1 Matriz de responsabilidades

Cargo: Secretária

Formação: *Ensino Médio completo*

Funções:

- manter o escritório organizado e limpo;

- receber e arquivar todos os documentos pertinentes à empresa;
- inserir no sistema digital os dados contidos nas planilhas de controle de todas as unidades que a empresa administra.

Cargo: Assessor de *Marketing*
Formação: *Graduação em Marketing*
Funções:
- desenvolver e manter a identidade visual da empresa;
- criar ações de fortalecimento da marca e penetração de mercado;
- criar e organizar eventos internos e externos periodicamente.

Cargo: Professor
Formação: *Graduação em Educação Física*
Funções:
- planejar, ministrar e monitorar as atividades físicas da unidade;
- realizar avaliação pré-participação, física e funcional dos alunos;
- promover a integração entre os alunos, motivando-os a se manterem ativos.

Cargo: Coordenador

Formação: *Graduação em Educação Física e especialização em Gestão*

Funções:

- acompanhar as atividades propostas, garantindo que sejam aplicadas com qualidade, segurança e de acordo com o planejamento;
- orientar, supervisionar e avaliar os professores e estagiários;
- realizar reuniões mensais para capacitar, estabelecer metas ou discutir sobre determinados assuntos de interesse da empresa.

3.5 Legalização e razão social da empresa

Para a legalização da sua empresa junto dos órgãos competentes, você necessitará contratar os serviços de um contador ou uma firma de contabilidade. Não há outro jeito mais seguro e rápido que esse, visto que esses profissionais têm experiência, conhecem os trâmites e perambulam pelos corredores dos órgãos públicos, qualificando-se assim para a realização dessas tarefas. Além disso, toda a contabilidade da empresa, incluindo contratações e demissões, folha de pagamento, recibo, rescisões, declarações, impostos etc., é responsabilidade exercida por esses profissionais. Contudo, o cuidado com a escolha do contador é fundamental para seu negócio ser bem-sucedido. É desde a abertura da empresa, no momento de optar pelas atividades desenvolvidas e pela razão social, que um bom contador pode atuar e, com sua experiência, direcioná-lo melhor para seus objetivos, reduzindo custos e encurtando caminhos. Existem inúmeras possibilidades contábeis legais que podem ser desenvolvidas com a orientação de um bom profissional.

Para abrir sua empresa, é preciso saber o custo desse investimento. Tudo deve ser previsto e calculado para que os empreendedores saibam qual a quantia necessária para o nível de investimento desejado e, assim, poder equalizá-lo. Os custos iniciais da legalização incluem o contador, despachantes, livros, alvará, CNPJ, despesas com cartório, notas fiscais e alguns outros mais. O investimento varia, em média, para uma empresa com a finalidade de gestão de recursos humanos na área de *fitness*, entre R$ 2.000,00 e R$ 3.000,00 somente para a legalização.

Feito isso, algumas semanas são necessárias até todo o processo ser concluído e a documentação ficar pronta.

4
Plano de negócios

4.1 Planejamento

Antes de tratar sobre plano de negócios, precisamos responder a uma questão: O que o empreendedor pode fazer por seu empreendimento? Existe uma importante ação que somente o próprio empreendedor pode e deve fazer: planejar. E não basta só isso. É necessário planejar, planejar e planejar. Sim, é preciso enfatizar a importância do planejamento para o sucesso de seu negócio, pois somente um planejamento bem-estruturado pode reduzir os riscos e apontar uma solução segura para sua empresa. O planejamento é um requisito básico e fundamental em qualquer área profissional quando se deseja alcançar sucesso nos negócio. Para isso, é preciso fazer planos, programar, dar forma a uma ideia, projetar, empreender e tornar tangível uma atividade mental, mesmo que seja num plano bem inicial, embrionário, ainda pouco estruturado. É definir, de forma clara, simples e organizada uma intenção ou um conjunto delas (Farias, 2005).

No entanto, é notória a falta dessa cultura nas empresas e nos empreendedores brasileiros. De modo geral, negócios são inaugurados sem que haja um controle mínimo das inúmeras variáveis que o cercam tanto a sua concepção quanto a elaboração e execução dos procedimentos iniciais de construção. São feitos de qualquer forma, com base na empolgação e em sentimentos, *feelings* ou, ainda, na determinação cega com base apenas em algum sonho pessoal. Será que é por isso que cinco de cada dez empresas fecham suas portas em menos de dois anos de existência? (UNESP, 2004).

Embora necessite de investimento em tempo e dedicação, o planejamento não deve, de modo algum, ser considerado perda de tempo ou uma atividade de luxo e dispensável, mas uma ação importantíssima para o sucesso do seu negócio.

4.2 Elaboração de um plano de negócios

Um bom planejamento demanda uma completa pesquisa de mercado e conhecimento do tipo de negócio a ser realizado. A combinação, os ajustes e a formatação desses elementos formam o que se chama de plano de negócios, principal ferramenta a ser idealizada, concebida e aplicada para dar forma, projeção e parâmetros a fim de medir o progresso em relação aos objetivos do empreendimento. A intenção de um plano de negócios é garantir ao empreendedor a possibilidade de uma visão holística de todo o seu negócio, agregando informações acerca de toda a dimensão que envolve e compõe uma empresa, em todos os seus departamentos, a fim de reunir todas as informações possíveis em relação à estrutura atual e suas potencialidades, de modo que esse conteúdo torne-se um alicerce em toda e qualquer tomada de decisão, sendo, em virtude das circunstâncias, o ponto de partida das estratégias adotadas pela empresa.

É fundamental o entendimento de que um plano de negócios não pode ser encarado como um modelo pronto, finalizado e estático, mas como um planejamento constante, ou seja, suscetível a atualizações, mudanças de foco e nuances provenientes do constante desenvolvimento global.

Um plano de negócios possibilita a correção de erros, o ajuste das estratégias e o reposicionamento diante dos obstáculos, de modo que recoloque a empresa no melhor caminho. Permite conhecer os pontos positivos do seu negócio (pontos fortes), seu diferencial competitivo, assim como suas fragilidades (pontos fracos). Assim, possibilita a análise da concorrência, sua estrutura e atuação, suas potencialidades e fragilidades e o meio de lidar com o mercado em relação à competitividade comercial.

Embora pareça formal, o plano de negócios pode e deve ser bem flexível. Apesar de existirem vários formatos disponíveis na literatura, o mais importante é que seja elaborado de acordo com o *target*, ou seja, especificamente para o seu público-alvo. Este deve ser bem-definido, pois mesmo que o serviço permita a abrangência de mais de um público, a indeterminação do foco principal provavelmente acarretará desequilíbrio nas estratégias, pulverização nas ações e perda do controle do negócio. A definição clara da missão da empresa, seu foco de atuação e a formulação das estratégias constituem o cerne do plano de negócios, sem o qual se corre sério risco de não encontrar o rumo certo ou ainda de não sustentar uma gestão ao longo do tempo.

Apesar de não ser muito utilizado no Brasil, poucas áreas têm atraído tanta atenção dos homens de negócios nos Estados Unidos como os planos de negócios (Sahlman, 1997). Muitos artigos têm sido escritos a respeito do assunto, assim como dezenas de livros, publicados, com roteiros, esquemas e também propostas mirabolantes de como se fazer um plano de negócios para enriquecer rapidamente. Tem-se de tomar cuidado, nesse caso, com o otimismo exagerado descrito nos planos de negócios. Os objetivos, os prazos e os números devem ser condizentes com parâmetros como mercado e posicionamento da empresa. Uma expectativa muito entusiasmada, fora da realidade, pode trazer sérios problemas para o seu negócio, como o não atingimento das metas, investimentos equivocados e frustrações da equipe de trabalho, com redução da produtividade e taxa de *turnover* aumentada dos funcionários. Portanto, precisamos atentar para a questão da viabilidade do negócio. Qual a probabilidade de dar certo? Responda sinceramente antes da implantação do empreendimento. De fato, de nada adianta a confecção perfeita de um plano de negócios sem a eficiência na aplicação prática. A racionalização aliada ao *feeling* do gestor é determinante para o sucesso do empreendimento, e é de vital importância que os colaboradores entendam e absorvam as ideias e metodologias traçadas, uma vez que fazem parte da estrutura da empresa, representando-a em suas ações, posturas e posicionamentos.

Quadro 4.1 – O que se deve considerar em um plano de negócios

Perguntas	Definições
Qual é o produto?	Esse produto desperta interesse nas pessoas? Possui uma marca? É a solução de um problema? Agrega valor? Tem diferencial competitivo?
Quem são os clientes?	Para quem eu vou vender? Quem se interessará? Quem poderá pagar? Onde está o meu cliente?
Como será a empresa?	Quantos sócios, funcionários e terceirizados? Qual a estrutura? Qual o custo e o tempo para funcionar?
O que minha empresa pretende?	Quais os objetivos em curto, médio e longo prazos?

Continua

Continuação

Perguntas	Definições
Como vender?	Quais as estratégias de venda? Como será oferecido o produto? Qual o preço?
Quais os resultados esperados e obtidos?	Qual é o lucro esperado? Qual a expectativa? Tem demanda? O retorno está sendo satisfatório? O que melhorar? Existe possibilidade de crescimento?

4.3 Conteúdo de um plano de negócios

4.3.1 Introdução

É o resumo do empreendimento. É uma breve descrição da empresa ou do negócio, sua história, seu nicho de atuação, seus objetivos principais, seu foco e sua missão. Podem-se enfatizar suas características principais, como diferencial competitivo e participação no mercado, além das perspectivas de futuro. A introdução deve ser sucinta, sem muitos detalhes, porém redigida de forma que abranja toda a sua estrutura, incluindo sua proposta, seu *target* (cliente-alvo) e seu diferencial competitivo.

De modo geral, a tendência quando se define o tipo de negócio é de que muitas empresas foquem a resposta apenas no produto ou serviço, podendo levar a uma visão equivocada do que realmente é. O melhor seria a descrição do benefício resultante daquele produto ou serviço, e não somente sua caracterização fria, já que o que faz as pessoas comprarem é o intangível, a percepção, o benefício que o produto pode proporcionar na vida das pessoas. A Kopenhagen, por exemplo, numa visão simplista seria uma empresa de chocolates, enquanto numa visão ampla e estratégica é uma empresa de presentes. Percebe? O negócio transcende o produto. A seguir, apresentamos outros exemplos.

Quadro 4.2 – Exemplos de visões transcendentes sobre os negócios

Empresa	Negócio Produto/serviço	Benefício
Avon	Cosméticos	Beleza
IBM	Computadores	Informação
Harley Davidson	Motocicletas	Estilo de vida
Xerox	Copiadoras	Automação de escritórios
Hollywood	Filmes	Diversão e cultura

4.4 Produto

4.4.1 Características

Um produto (bem ou serviço) é um bem tangível ou não que pode ser oferecido a um mercado para satisfazer a um desejo ou necessidade específica. É o elemento essencial de uma empresa e pode incluir bens físicos, serviços, ideias, experiências, pessoas, locais etc. Nesse item, são relacionadas todas as características do seu produto. No caso de uma empresa de serviços, devemos descriminá-lo de forma que venham a atender às necessidades da empresa em relação à visibilidade do negócio e dos clientes, em serviços apropriados e destinados aos seus anseios e necessidades. É importante enfatizar suas habilidades, seus pontos fortes e as características mais marcantes do seu serviço.

4.4.2 Diferencial competitivo

O diferencial competitivo é a característica mais marcante de seu negócio. São os fatores de diferenciação em relação à concorrência que possibilitam que sua empresa seja mais atraente aos seus clientes ou *prospects*. Deve-se relacionar o(s) principal(ais) diferencial(ais) em relação à concorrência, e, para isso, é necessário conhecer o mercado, manter-se atualizado e investir em tecnologia e inovação a fim de garantir uma melhor apresentação do seu serviço.

4.5 Mercado de trabalho

4.5.1 Clientes

Os clientes são a razão da existência da empresa. Por isso, devemos identificar com precisão quem são, onde estão, o que querem e como atingi-los. A empresa precisa determinar seu *target* para poder desenvolver seu plano de negócios de modo que atenda às necessidades e ao perfil desses clientes ou grupo de clientes, direcionando estratégias e focando as potencialidades desse segmento. Todo produto deve ser elaborado para satisfazer às necessidades legítimas dos clientes, suprindo um desejo ou preenchendo alguma necessidade real, de modo que venha a solucionar, prover ou atender a determinada demanda, razão pela qual formam-se as relações comerciais.

4.5.2 Concorrentes

Qualquer que seja o seu modelo de negócio ou o público-alvo a ser atingido, você, inevitavelmente, sofrerá concorrência. Mesmo que crie algo que não exista ainda, fique certo de que logo surgirão empresas ou pessoas oferecendo um produto similar ao seu e, na maioria dos casos, com diferenciais ainda mais competitivos. É natural que isso ocorra, pois é assim que se comporta uma sociedade capitalista na qual, salvo em condições de reserva de mercado, todos temos os mesmos direitos comerciais (ao menos na teoria).

> Se você conhece o inimigo e a si mesmo, não precisa temer o resultado de cem batalhas. Se você se conhece, mas não conhece o inimigo, para cada vitória ganha sofrerá também uma derrota. Se você não conhece nem o inimigo nem a si mesmo, perderá todas as batalhas.
> (Sun Tzu)

Essa frase, criada por esse general chinês no livro *Arte da guerra* e traduzida para o português em 1995, muito difundida e utilizada por renomados *business men* no mundo todo, retrata toda a preocupação e atenção que devemos investir no conhecimento do adversário, seja na esfera militar ou no mundo dos negócios. Para isso, devemos relacionar todos os principais concorrentes que oferecem serviços semelhantes, atuantes no mesmo mercado ou em áreas abrangentes ao negócio. Devem-se verificar as condições de cada empresa concorrente, sua capacidade, seus pontos fortes e fracos, modo de atuação, potencial de crescimento, participação no mercado e suas principais características.

O mercado dos condomínios, por estar em pleno crescimento, demanda uma grande possibilidade de concorrentes em potencial, visto que as oportunidades de se ingressar nesse segmento são inúmeras, em razão da quantidade de empreendimentos que oferecem uma estrutura de *fitness* e lazer. Assim, é importante monitorar o surgimento das empresas de mesmo tipo de negócio, suas características e potencialidades, seus gestores, o que pensam e como agem, para não haver surpresas que possam abalar ou prejudicar seu faturamento ou posicionamento no mercado. A observância desses aspectos e a elaboração de estratégias competitivas para a manutenção ou o *upgrade* desse posicionamento merecem toda a nossa atenção e prioridade. Embora seja trabalhoso, demandando tempo e pesquisa, é crucial, para o desenvolvimento do seu negócio, acompanhar o crescimento do setor, procurando identificar as ameaças, compreender suas estratégias, analisar o tipo de demanda de mercado e, por meio disso, fortalecer sua imagem, sua comunicação e seus serviços.

A concorrência, em contrapartida, pode promover uma série de mudanças que podem ter características e consequências positivas na empresa. A concorrência afugenta o "fantasma" da acomodação e da passividade e dá lugar à atitude e à proatividade. Gera reflexão, busca soluções e novas oportunidades, criando, complementando e aperfeiçoando seus serviços, promovendo uma mentalidade crítica e um dinamismo profissional tão importante em um mundo de crescentes transformações.

Um excelente exemplo dos benefícios que a concorrência pode proporcionar à sua empresa é a busca pela inovação, que é um tema muito discutido atualmente e caracterizado pela quebra de paradigmas, mudança no processo existente e aquisição de dinheiro novo, ou seja, um serviço ou produto que atraia novos clientes dispostos a investir (gastar) em algo que ainda não experimentaram. Mais adiante, discutiremos melhor o termo *inovação*.

Não podemos nos esquecer também dos serviços que, aparentemente, são distintos do seu, mas que podem cumprir a sua finalidade, tornando-se uma ameaça para seu negócio. Um bom exemplo são os estúdios de pilates, que, embora tenham fundamentos específicos que diferem do modelo *fitness*, podem concorrer ao mesmo mercado-alvo.

4.5.3 Participação no mercado

A participação ou o posicionamento é a ação de projetar o produto e a imagem da empresa para ocupar um lugar diferenciado na mente do público-alvo (Kotler e Keller, 2007). Nesse item, a ideia é identificar a porção de mercado que a empresa cobre em relação aos principais concorrentes. Para isso, é necessário realizar uma pesquisa de mercado, que poderá ser obtida por meio da contratação de uma empresa especializada para o serviço. Dessa forma, além do tempo economizado para outras ações, espera-se um detalhamento maior nos dados levantados, além de total isenção, refletindo de forma mais fidedigna os resultados alcançados.

Além da participação no mercado, é importante representar por meio de desenho gráfico a curva de crescimento da empresa desde sua criação até os dias atuais. Esse demonstrativo pode gerar inúmeras análises representativas de variáveis interessantes para a gestão do seu negócio, por exemplo, a sazonalidade, refletida pelos períodos em que a empresa captou mais ou menos clientes ou que realizou mais ou menos eventos. Com esse *feedback*, é possível a elaboração de estratégias para melhorar o desempenho futuro, estabelecer metas mais realistas ou realizar alguma mudança de tática empresarial.

4.6 A empresa

4.6.1 Definição

Consiste na descrição da empresa, em seu histórico, em quando foi fundada, por quem e de que modo, em sua área de atuação e no tipo de negócio desenvolvido, além da razão social, da composição societária, do capital social, do alvará e do enquadramento no CNPJ (Cadastro Nacional de Pessoa Jurídica).

4.6.2 Missão, visão e valores

Segundo Drucker (1994),

> uma empresa não se define pelo seu nome, estatuto ou produto que faz, mas pela sua missão. Somente uma definição clara da missão é razão de existir da organização e torna possíveis, claros e realistas os objetivos da empresa.

A missão estabelece um compromisso com a sociedade; é a razão de existir da organização. Atua como base para o desenvolvimento de objetivos organizacionais e ajuda na concentração de esforços dos colaboradores internos para o bem comum, contribuindo para a mesma percepção do significado e da finalidade da empresa. É a resposta para "o que fazemos, de que modo, para quem e qual o nosso desafio?".

Exemplos de missão:

"Antecipar, atender e exceder as expectativas de cada segmento com relação a sistemas de pagamento, serviços financeiros e de viagem por todo o mundo."

American Express

"Com o nosso trabalho e espírito de servir, fazer as pessoas felizes e ser a maior e mais lucrativa empresa de transportes aéreos."

TAM

"Contribuir para o sucesso dos negócios e do lazer dos clientes, alugando carros com eficiência e simpatia."

Localiza

"Ajudar as pessoas a estar bem fisicamente e fazer novos amigos, sempre."

Companhia Athlética

Observe como são elaboradas as declarações de missão dessas empresas. Elas buscam traduzir na íntegra, embora numa linguagem leve e simpática, a essência e os objetivos da empresa, não deixando margem de dúvida para quem lê, com objetividade e clareza, e relacionando processos e resultados tanto tangíveis como intangíveis, de acordo com o que cada organização julga como sendo essencial para o seu negócio. A empresa *Personal Vip*, que atua especificamente no ramo de atividades físicas em condomínios, hotéis e empresas, possui uma declaração de missão que, por si só, já retrata fielmente sua intenção e razão de existência: *"Levar saúde e alegria para hotéis, condomínios e empresas por meio de um atendimento de excelência, emocionando todos em sua volta, com conforto e segurança."*

A visão de uma empresa é a descrição do que seus gestores acreditam e esperam para o seu futuro. É a construção de um cenário com as metas e objetivos a serem alcançados, considerando as circunstâncias atuais, porém focada num desejo ou numa ambição de futuro. Empresas que chegaram à liderança global nos últimos vinte anos invariavelmente começaram com ambições desproporcionais aos seus recursos e capacidades. Criaram, em todos os níveis da organização, uma obsessão por vencer e sustentavam-na por anos na busca da liderança (Hamel e Prahalad, 1989).

Com a formulação da visão de futuro da sua empresa, torna-se possível promover um sonho comum e gerenciar uma equipe em busca desse sonho, controlando mais facilmente o destino da empresa.

Para isso, é fundamental que ela seja compartilhada pela sua equipe de colaboradores, em que todos devem pensar e agir para atender às expectativas do(s) líder(es), e seja otimista, desafiadora e motivadora, levando toda a equipe a romper barreiras e quebrar paradigmas para alcançá-la. Para uma declaração de visão que atenda aos seus sonhos como empreendedor, procure imaginar-se daqui a alguns anos e crie em seus pensamentos um filme intitulado "O filme da minha vida". Esses são alguns exemplos de visão.

Os valores são os princípios da empresa, as ideias e atitudes que guiam as decisões e balizam nosso comportamento no cumprimento da missão e na busca da visão. Na declaração da visão de uma empresa, devem constar os princípios éticos e morais que norteiam a organização, de forma que orientem o comportamento e motivem seus colaboradores para a ação. Os valores da empresa representam, na realidade, os valores dos líderes da empresa e são estabelecidos de acordo com a importância e relevância com que cada um valoriza. Sinceridade, lealdade, respeito, confiança, integridade e ética são alguns exemplos de valores organizacionais que mais são seguidos nas empresas. Muito embora a simples descrição não garanta a ação, ao menos direciona a busca e denota os princípios que todos na empresa devem seguir.

4.6.3 Estrutura organizacional

A estrutura organizacional reflete a maneira como a empresa é organizada, relacionando áreas de competências, organograma, atribuições de cada sócio e dos colaboradores e toda a infraestrutura funcional do empreendimento. A distribuição coerente e responsável das funções e da hierarquia representa uma estratégia fundamental para a sobrevivência da organização, e isso deve ficar muito claro. Cada um deve saber exatamente o que a empresa espera dele, quais suas responsabilidades, direitos e limites de atuação. Para isso, é interessante a divisão por setores, mesmo que seja uma microempresa na qual as responsabilidades são divididas por poucas pessoas, pois, independentemente disso, é fundamental que ações, acertos e erros sejam responsabilizados para melhor *feedback*, ajuste e *upgrade* profissional.

A elaboração de uma estrutura organizacional é relativamente mais fácil de ser realizada, bastando relacionar corretamente todas as ações pertinentes e sua distribuição entre os participantes. Porém, a implantação e o controle dessas ações requerem muita disciplina e atenção. É a parte mais difícil da gestão. Por isso, todas as estratégias de gerenciamento devem ser implantadas para a redução dos riscos inerentes ao empreendimento. Reuniões constantes, cobrança das tarefas, *feedback* dos resultados, estabelecimento de expectativas, índices e gráficos de desempenhos e outras ações periódicas devem ser executadas pelos responsáveis da empresa e colaboradores envolvidos, o que demanda comprometimento e humildade por parte de todos, prevalecendo sempre o respeito mútuo e o benefício e crescimento da organização.

4.6.4 Parceiros

Empresários e empreendedores já entenderam que para um negócio ter sucesso é necessário, sobretudo, estabelecer parcerias com pessoas e empresas que possam trazer vantagens e agregar valor ao seu negócio. São empresas com objetivos e características semelhantes aos da sua, com gestão moderna e de marca representativa ou que almejem, assim como você, destaque de mercado. Uma parceria deve, em primeiro lugar, seguir o quarto hábito proposto por Stephen Covey em *Os 7 hábitos das pessoas altamente eficazes* (2003), que é o princípio do pensamento "ganha-ganha", o qual evidencia que uma relação só é plena quando ambas as partes obtêm vantagens. Esse princípio busca o benefício e o respeito mútuo em todas as relações sem pensar de forma egoísta (ganha--perde) ou como um mártir (perde-ganha). Hoje, quase todas as empresas modernas têm ou já tiveram parceiros de negócios, podendo acrescentar, assim, vantagem competitiva, redução de custos, visibilidade, *networking*, valor agregado e uma série de vantagens para ambas as empresas. Porém, a escolha dos parceiros deve ser feita de forma criteriosa e segura, procurando a aproximação de empresas e pessoas de índole confiável, com bom relacionamento no mercado, livres de polêmicas e, de preferência, com uma marca forte. A associação da sua empresa a outra, idônea e com boa penetração no mercado, cria uma percepção de segurança e credibilidade na mente das pessoas, agregando muito valor à sua imagem. Diversas ações e custos da sua empresa podem ser intermediados por parceiros. Ações conjuntas de *marketing*, brindes, serviços, uniformes, troca de *mailing* etc. são algumas formas de negociação com os parceiros. Por sugestão, procure estabelecer parcerias com empresas afins íntegras e lideradas por pessoas de temperamento acessível, proativas e que demonstrem empatia por você e seu negócio. A seguir, apresentamos uma relação de tipos de negócios com os quais você pode estabelecer uma relação de parceria:

- centros médicos;
- endocrinologistas;
- cardiologistas;
- nutricionistas;
- ortopedistas;
- geriatras;
- psicólogos/psiquiatras;
- clínicas de estética;
- lojas de produtos naturais;
- lojas de suplementos;
- lojas de roupas de ginástica;
- empresas do ramo de *fitness*;
- empresas do ramo de estética e saúde;
- podólogos; etc.

A proposta de parceria deve listar as vantagens que a empresa obterá com a concretização do negócio e destacá-las de acordo com seu grau de importância e visibilidade. Deve conter também um histórico da empresa, seu perfil, sua estrutura, seus clientes e atendimentos. Fotos são excelentes para uma melhor visualização da estrutura e dos serviços da empresa e têm o poder de "transportar" o cliente (parceiro) para dentro da empresa.

4.7 Estratégias do negócio

Alice chegou a uma encruzilhada no caminho e viu um gato de Cheshire numa árvore.
— Qual caminho devo pegar? — perguntou.
A resposta do gato foi outra pergunta:
— Aonde você quer ir?
— Não sei — respondeu Alice.
— Então não tem importância — retrucou o gato.

Essa passagem de *Alice no País das Maravilhas*, de Lewis Carroll (2000) e reproduzida por Covey (2005), retrata a importância de se definir o destino antes do caminho. Assim também funciona no plano de negócios, em que as estratégias só devem ser definidas após a escolha dos objetivos. Estratégia é o meio utilizado para se atingir os objetivos traçados, é o processo, ou, numa linguagem mais simples, é o caminho.

O bom gestor deve dar atenção especial à elaboração das estratégias do seu negócio, já que produtos, sozinhos, não geram receitas; somente negócios geram receitas, e, para um negócio prosperar e atingir um posicionamento de destaque no mercado, são necessárias a formulação e a aplicação de estratégias eficientes e coerentes, capazes de direcionar as ações da empresa em prol dos seus objetivos.

As estratégias de um negócio, além de compreenderem os objetivos e os caminhos para atingi-los, são determinadas também por suas características internas (pontos fortes e fracos) e pelo ambiente externo (ameaças e oportunidades). Essa análise é chamada de *análise SWOT*, ferramenta utilizada para fazer análise de cenário (ou de ambiente), sendo usada como base para *gestão* e *planejamento estratégico* de uma *corporação* ou *empresa*, mas podendo, em virtude de sua simplicidade, ser utilizada para qualquer tipo de análise de cenário, desde a criação de um *blog* à gestão de uma *multinacional*. A análise SWOT é um sistema simples para posicionar ou verificar a posição estratégica da empresa no ambiente em questão. A técnica é creditada a Albert Humphrey, que liderou um projeto de pesquisa na Universidade de Stanford nas décadas de 1960 e 1970 usando dados da revista *Fortune* das quinhentas maiores corporações. O termo *SWOT* é uma sigla oriunda do inglês e é um acrônimo de forças (**s***trengths*), fraquezas (**w***eaknesses*), oportunidades (**o***pportunities*) e ameaças (**t***hreats*). Não há registros precisos sobre a origem desse tipo de análise. Segundo Públio (2008), a análise SWOT foi criada por dois professores da Harvard Business School, Kenneth Andrews e Roland Christensen. No entanto, Tarapanoff (2001, p. 209) indica que a ideia da análise SWOT já era utilizada há mais de 3 mil anos quando cita, em uma epígrafe, um conselho de Sun Tzu: "Concentre-se nos pontos fortes, reconheça as fraquezas, agarre as oportunidades e proteja-se contra as ameaças." (Sun Tzu, 500 a.C.) Apesar de bastante divulgada e citada por autores, é difícil encontrar uma literatura que aborde diretamente esse tema.

Veja um exemplo de uma matriz SWOT – PFOA.

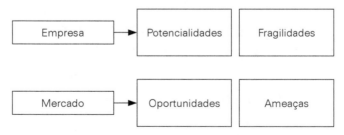

Figura 4.1 – Exemplo de matriz SWOT – PFOA.

4.7.1 Pontos fortes e fracos

Pontos fortes são as potencialidades e pontos fracos são as fragilidades da sua empresa ou gestão. É um olhar interno, voltado às suas capacidades e limitações, com base em humildade e honestidade, a fim de analisar coerentemente as características apresentadas e ser capaz de aprimorar ou modificar algumas delas. Os pontos fortes são as características da empresa que permitem obter vantagem competitiva sobre seus concorrentes. Quando falamos de pontos fortes, referimo-nos ao que é mais positivo na organização e às forças da empresa que são medidas por meio da análise comparativa com o mercado. Para isso, precisamos conhecer bem o cliente e a concorrência para que nos posicionemos de forma adequada e realista na preferência do público-alvo. Qual a principal força da minha empresa? Em que ela é melhor que as outras? Qual é o setor de destaque? Quais os melhores profissionais? Qual o serviço mais apreciado? Quais as minhas principais habilidades como gestor? Responda e liste. Sim, liste os pontos fortes para enfatizar seus diferenciais e poder maximizá-los diante dos concorrentes, aumentando a percepção sobre seu produto ou serviço. Os pontos fortes devem ser destacados, exacerbados e muito divulgados, tanto externa quanto internamente.

Os pontos fracos ou passíveis de melhora também devem ser encarados com total responsabilidade, pois representam as deficiências que a organização apresenta no contexto mercadológico em que ela se propõe a atuar, dificultando ou limitando o crescimento da empresa. Assim como os pontos fortes, as fraquezas precisam ser bem conhecidas pelos gestores da empresa. As questões a serem abordadas e respondidas são as seguintes:

- Quais as principais fragilidades que devo corrigir ou neutralizar?
- Em que setores minha empresa está mais carente de bons profissionais?
- Quais as áreas que possuem pior desempenho profissional?
- Quais as minhas principais carências como gestor?
- Em que condições e situações minha empresa tem o pior desempenho?
- Quais características pessoais inadequadas para as minhas funções eu possuo?

Essas questões precisam ser respondidas com total transparência e honestidade. É como dizemos popularmente: "uma lavagem de roupa suja", em que os problemas e as fraquezas devem ser colocados à prova para serem entendidos e discutidos a fim de se determinar as melhores estratégias para uma intervenção. Uma questão crucial, nesse caso, é que, em relação às potencialidades, todos os componentes da organização devem se conhecer a fundo para garantir uma maior propagação desses pontos fortes no mercado. No caso das fragilidades ou pontos fracos, nem sempre é interessante essa divulgação pouco criteriosa para todos os componentes da empresa. Isso é verdade principalmente pelo aumento da possibilidade de escape de informação para os concorrentes. Não que isso ocorra necessariamente de forma intencional, mas é natural que o risco aumente com o maior número de pessoas envolvidas. Sempre existe a perspectiva de aquele profissional deixar o seu negócio, levando com ele informações tão importantes nesse mercado competitivo. Portanto, as fragilidades do seu negócio devem ser tratadas do seguinte modo:

- listadas por ordem de importância, da maior para a menor;

- discutidas em ambiente interno por pessoas de total confiança.

Após serem determinadas, é necessária a criação de um *plano de intervenção*, que consiste em ações de melhoras por meio de um planejamento com o intuito de estabelecer prioridades, variáveis intervenientes desse processo de melhora, escolha das estratégias, determinação de prazos, implementação, avaliação dos resultados (*feedback*), correção ou manutenção da ação. Esse plano precisa determinar, inicialmente, as prioridades de melhora da empresa. Quais são as fragilidades e em que ordem de importância elas são representativas para serem resolvidas (melhoradas, corrigidas ou neutralizadas)? Após essa determinação, precisamos conhecer as variáveis, ou seja, os fatores que podem interferir nesse processo de melhora. É o tempo, o custo, o *know-how* ou quais outro(s) fator(es) que podem dificultar o alcance dos objetivos? A escolha das estratégias consiste em responder a outra pergunta: Como resolver esse problema? A partir dessa, teremos: De que forma farei isso? Com que recursos? Somente após terem sido decididas as estratégias é que poderemos determinar o prazo para a solução do problema e a implementação dessas estratégias, ou seja, dar início ao plano de ação. Feito isso, é fundamental utilizar uma ferramenta que, por incrível que possa parecer, é tão fundamental, mas que raramente é utilizada principalmente pelas pequenas empresas: o *feedback*. É inacreditável que muitas organizações não possuam instrumento de *feedback* das suas ações! Como saber do impacto causado pelas estratégias de ação se não se possuem elementos (dados) quantitativos e qualitativos fidedignos para uma análise? Como é possível realimentar esse processo dessa maneira? Como saber realmente se as ações utilizadas estavam de acordo ou foram as melhores opções para o problema? A resposta é simples: não é possível. Pode-se até ter uma vaga ideia do resultado, mas a margem de erro de uma análise tão subjetiva é enorme, e esse pouco comprometimento com o processo pode, sim, comprometer seriamente seu negócio.

4.7.2 Ameaças e oportunidades

Esse item deve retratar todo o ambiente externo da organização que pode influenciar de alguma forma o desenvolvimento do seu negócio. Diferentemente do ambiente interno (pontos fortes e fracos), que pode ser controlado, o ambiente externo não o pode, mas, apesar disso, deve ser conhecido pela empresa com a intenção de monitorá-lo a fim de aproveitar as oportunidades e evitar as ameaças. Embora muitas vezes não seja possível evitar as ameaças, podem-se elaborar estratégias para enfrentá-las, minimizando assim seus efeitos.

Ameaças são todos os elementos não controláveis que podem prejudicar de alguma forma o negócio da sua empresa. Normalmente essas ameaças constituem-se principalmente nos concorrentes de seu negócio, que comercializam o mesmo tipo de produto ou serviço que o seu ou substitutos que, embora sejam processados e apresentados de forma distinta da sua, ainda assim representam uma. Podemos exemplificar com as academias próximas aos condomínios, a praia, onde se praticam exercícios ao ar livre, clubes e escolinhas de futebol, clínicas e estúdios de pilates etc.

Ameaças também incluem os fatores climáticos (aulas de natação no inverno e sem piscina aquecida constituem grande ameaça ao seu negócio), políticos e de interesses particulares (a mudança de um síndico, por exemplo), a sazonalidade dos moradores, que mudam de endereço constantemente, a crise econômica e outras tantas.

Todos esses fatores devem ser mapeados ao menos uma vez ao ano, para a atualização das variáveis que podem influenciar sua estrutura organizacional, e monitorados para se evitar surpresas desagradáveis mais adiante.

Oportunidades são os fatores que compõem os cenários atuais ou potenciais que possibilitem ao empreendedor condições favoráveis de crescimento do seu negócio. Quando falamos em mercado atual, referimo-nos ao que está acontecendo agora, neste momento, em termos de oportunidades de negócios e características de produtos semelhantes ao seu. Cenário potencial relaciona-se a possibilidades, visão e potencialidades. Seria uma possível realização de algum fenômeno com base em sinais que se apresentam no presente e percebidas por meio de uma avaliação abrangente de fatos como saturação do mercado, necessidades, tendências, quebra de paradigmas, mudanças nas percepções de valor etc.

Uma das características mais importantes de um empreendedor deve ser sua visão, que é a capacidade de perceber e potencializar as oportunidades que o mercado oferece ou pode ofertar. É uma percepção aguçada de negócio, colocando aquele que a detém em grande vantagem competitiva com os demais. A visão, o empreendedorismo e as oportunidades são frutos da criatividade e da conectividade do homem com seu ambiente.

Tanto a criatividade quanto essa conectividade podem ser treinadas, absorvidas e potencializadas. Para isso, devemos primeiramente observar de forma crítica o ambiente (mercado) que nos cerca e, depois, estudá-lo, pesquisá-lo e compará-lo a outros, tentando identificar como seria mais atraente para as pessoas e promissores para você. As oportunidades estão diretamente relacionadas à sua capacidade de leitura do mercado. Também podem ser geradas por fatores negativos que prejudicam a população.

Em relação ao mercado de condomínios, algumas oportunidades podem ser relacionadas: o trânsito, cada vez mais caótico, dificulta o acesso às academias; o tempo precário das pessoas; a violência, que se faz presente a todo instante; o alto custo das academias etc. Outros fatores são, por exemplo, a fiscalização dos Conselhos Regionais aos condomínios, exigindo a presença de um profissional de Educação Física como único possível responsável pelas salas *fitness*. Ou mais, a mobilização que está sendo feita para a obrigatoriedade de um profissional de Educação Física em toda e qualquer sala ou espaço em condomínios, clubes, agremiações, escolinhas e afins que tenham por finalidade a atividade física, recreativa ou desportiva. Essa sim consideramos uma oportunidade de ouro para a nossa profissão.

4.7.3 Objetivos

Os objetivos de um plano de negócios se resumem nas respostas a duas simples perguntas: O que eu quero? Aonde eu quero chegar? O objetivo é a razão da existência do seu negócio e deve ser muito claro para você e seus colaboradores. É como a missão da empresa, porém é mais específico, descrito de forma quantitativa, relacionado a metas e prazos, podendo constar de mais de um e sendo, desse modo, descrito por prioridades. Ou seja, é uma lista que contém, em ordem de importância, as metas a serem batidas. É importante sempre estabelecer os prazos para a obtenção desses objetivos, pois isso credita maior envolvimento para seu cumprimento e, mesmo se forem ultrapassados, durante o processo torna-se o foco, o que possibilita maiores chances de sucesso.

4.7.4 Estratégias

Esse item representa as táticas a serem utilizadas pela empresa no mundo dos negócios. Embora o serviço (produto) seja o cerne do negócio, as estratégias são o "poderio bélico" da empresa. Segundo Kotler (2000), estratégia é o processo gerencial que busca desenvolver e manter um ajuste entre os objetivos e recursos da organização e as oportunidades de mercado em permanente modificação.

Estratégia significava inicialmente a ação de comandar ou conduzir exércitos em época de guerra. Representava um meio de vencer o inimigo. Sun Tzu foi o estrategista que, no século IV a.C., escreveu um tratado denominado *A arte da guerra*, que abordava as estratégias militares. Segundo ele, a formulação de uma estratégia deve respeitar quatro princípios fundamentais:

- *princípio da escolha do local de batalha*: seleção dos mercados onde a empresa vai competir;
- *princípio da concentração das forças*: organização dos recursos da empresa;
- *princípio do ataque*: implementação das ações competitivas da empresa;
- *princípio das forças diretas e indiretas*: gestão das capacidades da empresa.

Apesar de os negócios não serem guerras, a realidade mostra que tanto um como outro podem ter muitos elementos em comum, e o pensamento de Sun Tzu pode apontar o caminho da vitória.

Assim, a empresa deve conhecer muito bem o seu mercado-alvo, seus concorrentes e a si mesma, suas capacidades e limitações, a fim de obter o máximo de informações possível, que facilitarão a determinação das táticas para o posicionamento da empresa no mercado e a obtenção dos objetivos traçados.

A estratégia se subdivide em diversas áreas e funções da empresa, representando em cada setor toda a essência da organização e sua força de combate por meio da implantação das táticas adotadas e do controle das variáveis que regem as relações de competitividade do mercado em questão.

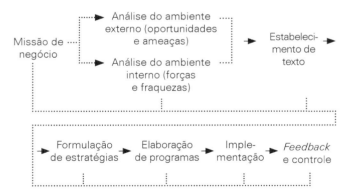

Figura 4.2 – Processo de planejamento estratégico de unidades de negócio (Kotler e Keller, 2007).

Toda estratégia empresarial deveria passar, obrigatoriamente, por um planejamento focado nos objetivos do negócio e sustentado pelas capacidades da empresa e pela análise dos fatores de risco e oportunidades compreendidos no mercado em questão. Os empreendedores e gestores devem investir um pouco do seu tempo no pensamento crítico do seu negócio, na análise e na programação de ações direcionadas aos objetivos traçados. Micro e pequenas empresas que contam com reduzido capital de giro e menor poder de investimento precisam despertar para o fato de que planejar é a única forma lícita de se obter sucesso nos negócios.

4.8 Marketing

4.8.1 Fundamentos do marketing aplicado

Marketing é uma função organizacional e um conjunto de processos para criação, comunicação e entrega de valores aos consumidores e administração do relacionamento com eles de modo que beneficie a organização e seus *steakeholders* (American Marketing Association).

Perceba a mudança de visão na definição anterior: "valores" em vez de "preços" e "relacionamento com os clientes" em vez de "troca"!

O *marketing* esportivo, segundo Ernani Contursi, consiste "nas atividades que visam satisfazer as expectativas e às necessidades do consumidor do esporte".

Marketing-mix, composto de *marketing* ou, ainda, composto mercadológico é o conjunto de instrumentos por meio dos quais se obtém melhor ajustamento entre a oferta de uma organização no mercado e a demanda existente.

Na prestação de serviços, utilizamos os sete Ps, que deverão ser estudados e aplicados em seu estabelecimento. Estão listados a seguir:

4.8.2 Produto

O produto (bem ou serviço) é considerado adequado ao consumo quando atende às necessidades e aos desejos de seus consumidores-alvo.

Todo produto só vale pelos benefícios, vantagens e/ou soluções que permite ao cliente!

Em um condomínio, apresenta as seguintes características:

- atividades físicas (musculação, ginástica, natação, ioga etc.);
- oferecimento de *personal trainers*;
- escolinhas de iniciação esportiva;
- organização de competições esportivas, passeios, festas etc.

4.8.3 Preço

O método para fixação do preço, em geral, se baseia:

- *no custo*: o fornecedor calcula o custo e acrescenta o seu *markup* (margem de lucro);
- *na concorrência*: o fornecedor fixa o preço do seu produto tomando por base os preços da concorrência;
- *no valor*: o fornecedor fixa o preço por meio da percepção do valor do produto para o consumidor.

Evite o termo "custo", dando preferência para "investimento". Você nunca utilizará o termo solto "custo" quando estiver falando com seu cliente, pois essa palavra dá ideia de gasto, oneração; troque-o por investimento!

4.8.4 Praça

Esse item é um dos diferenciais quando fomentamos atividades físicas dentro de um condomínio, pois evita o deslocamento em um trânsito caótico nas grandes cidades e a insegurança das ruas; permite, também, às crianças a prática de atividades esportivas e recreativas sem a necessidade do acompanhamento dos pais ou responsáveis.

- salas de musculação, ginástica etc.;
- piscina;
- apartamentos dos condôminos;
- parques próximos (principalmente para passeios).

4.8.5 Promoção

É o sistema de comunicação com seu cliente.

Propaganda: consiste na divulgação paga de ideias, produtos ou serviços, levada e feita por um patrocinador identificado (American Marketing Association). Exemplos:

- folhetos informativos relativos à nutrição, exercícios físicos etc.;
- placas nos locais das atividades.

Promoção de vendas: estratégia promocional que visa seduzir e atrair o consumidor para a compra do produto. Tenta criar *share of market*, ou seja, a participação no mercado. Exemplos:

- levar um amigo e ganhar 20% de desconto no próximo mês;
- pagar até o dia 5 e ganhar 10% de desconto.

Promoção institucional: constitui-se na estratégia promocional em que se tenta "penetrar" positivamente na mente do consumidor. Exemplos:

- camisas com o nome do condomínio fornecidas no ato da inscrição;
- camisa com cor diferente depois de um período específico.

Promoção de produto: é degustação de um produto ou serviço visando a uma posterior contratação. Exemplos:

- aulas experimentais;
- no mês de outubro, um amigo de visão extraordinária – Prof. Lucio Macedo – organizou atividades recreativas esportivas dentro de um condomínio da Barra da Tijuca. Enquanto os filhos participavam dessa ação, os pais eram encaminhados a um *test drive*. O resultado? Vários carros vendidos.

Relações públicas (RP): pessoa física responsável por identificar os problemas, apresentar soluções e melhorar o relacionamento entre os condôminos, a equipe administrativa nos condomínios e a equipe técnica.

Eventos: são um meio de comunicação, funcionando como um diferencial competitivo na manutenção dos clientes. Em evento *outdoor*, serve também como mercado para anunciantes.

4.8.6 Pessoas

O sucesso das organizações modernas está diretamente ligado à inteligência que elas detêm. As pessoas ou talentos, que chamaremos de colaboradores, fazem a diferença. *Sempre*! Os equipamentos serão novos no primeiro dia de uso, na primeira semana ou no máximo no primeiro mês. Mas seus colaboradores internos têm de ter a proatividade diária para encantar os clientes. Quando analisamos os clientes, devemos voltar a atenção para quem está atendendo e quem será atendido. As empresas e seus colaboradores devem conhecer a sigla "CHA".

- *Competência*: conjunto de conhecimentos, habilidades e atitudes que possibilitam desempenhar determinada função na busca de resultados concretos.
- *Conhecimento*: informação adquirida por meio de estudos ou pela experiência que uma pessoa utiliza. É o "saber".
- *Habilidade*: é a capacidade de realizar uma tarefa ou um conjunto delas em conformidade com determinados padrões exigidos pela organização. É o "saber fazer".

- *Atitude*: comportamento manifesto que envolve habilidade e traços de personalidade, diretamente relacionado com o querer e a ação. É o "querer fazer/como fazer".

4.8.7 Processos

Esse item está diretamente relacionado às atitudes que tomaremos para alcançar os objetivos de satisfação dos clientes. Os processos estão diretamente ligados à geração de lucros, pois ações bem-planejadas e executadas de acordo com o perfil e a expectativa dos clientes são vitais para a diferenciação de um negócio para outro.

4.8.8 Palpabilidades

São todas as sensações que nossos clientes terão em nosso empreendimento: visão (uniformes, cor das paredes etc.), audição (sonorização de qualidade com volume e escolha das músicas adequadas), olfato (local limpo e agradável), paladar e tato (sensações térmicas como calor e frio).

4.8.9 Portfólio

Um portfólio (ou portefólio ou, ainda, porta-fólio) consiste na apresentação da empresa de forma sucinta, com boa qualidade, visando a demonstrar os pontos fortes e as oportunidades no negócio em que ela esteja envolvida. Deve apresentar os condomínios em que já atua, eventos e profissionais envolvidos. Pode apresentar portfólios separados por departamentos, divisões ou unidades de negócio (em nosso caso, musculação, natação, escolinhas etc.).

4.8.10 Comunicação visual

Vamos entender que existem dois tipos de mídia: tradicional e alternativa.

- Tradicional:
  - eletrônica (TV, rádio e Internet);
  - impressa (jornais e revistas).
- Alternativa: *banners*, *outdoors*, *busdoors*, camisas, placas, folhetos, *folders*, bonés etc.

Opções de *merchandising*

Em alguns condomínios, o quantitativo de moradores é alto e vários negócios podem ser gerados entre si. Em outros, em função do alto poder aquisitivo, personalidades VIPs são frequentadoras das nossas atividades.

O que queremos demonstrar? Possibilidade de ganhos extras!

5
Elaboração e vendas de projetos

Não é raro um professor de Educação Física observar um grande condomínio, imaginar uma oportunidade de negócios e entregar uma proposta que, em geral, consiste em modalidades, horário e o custo (desculpem-nos por esse palavrão!).

O que sugerimos é um contato prévio com a construtora antes mesmo da edificação. Para se obter *sucesso*, é necessário aliar seu conhecimento técnico com ferramentas do mercado. Ou seja, pense como um profissional de Educação Física e, também, como um profissional de vendas.

5.1 O passo a passo da confecção do projeto

Além das ações de MKTG (forma correta de se abreviar a palavra *marketing*) citadas anteriormente e que certamente criarão um diferencial em seu portfólio, sugerimos a formatação de um projeto visando ao gerenciamento formal por meio da aplicação e da integração dos seguintes processos: iniciação; planejamento; execução; monitoramento e controle; e encerramento. (PMBOK, 2004).

As nove áreas de conhecimento que norteiam o PMBOK são: escopo, tempo, custos (particularmente, sugerimos o termo investimento), qualidade, recursos humanos, comunicações, riscos, aquisições e integração.

A área de *gerenciamento do escopo* inclui os processos necessários para garantir que o projeto inclua todo o trabalho necessário, e somente ele, para terminar o projeto com sucesso.
Exemplo: Apresentar um plano pedagógico que norteie as atividades desenvolvidas.

A área de *gerenciamento do tempo* inclui os processos necessários para realizar o projeto dentro do prazo. Seus processos incluem a definição e o sequenciamento das atividades, as estimativas de recursos e de duração das atividades e o desenvolvimento e controle do cronograma.

Exemplo: Fazer valer as previsões contidas no cronograma.

A área de *gerenciamento dos custos* (sugerimos novamente o termo "investimento") inclui os processos necessários para assegurar que o projeto será concluído dentro do orçamento aprovado. Seus processos incluem a estimativa, a orçamentação e o controle desses custos (investimentos).

Exemplo: Evitar cobranças extras após a precificação.

A área de *gerenciamento da qualidade* inclui os processos necessários para assegurar que o projeto satisfará as necessidades para as quais foi concebido. Seus processos incluem o planejamento da qualidade e a realização da garantia e do controle da qualidade.

Exemplo: Fomentar um atendimento de excelência.

A área de *gerenciamento dos recursos humanos* inclui os processos necessários para que se faça o melhor uso dos recursos humanos envolvidos no projeto. Seus processos incluem o planejamento desse departamento, contratar ou mobilizar, bem como desenvolver e gerenciar a equipe do projeto.

Exemplo: Contratação dos profissionais que atuarão no Centro de Atividades Físicas no condomínio.

A área de *gerenciamento das comunicações* inclui os processos necessários para assegurar a adequada geração, disseminação e armazenamento de informações do projeto. Seus processos incluem o planejamento das comunicações, a distribuição das informações, o relatório de desempenho e o gerenciamento das partes interessadas.

Exemplo: Atentar para a divulgação fidedigna de atividades extras.

A área de *gerenciamento de riscos* inclui os processos relacionados a identificação, análise e estabelecimento de contramedidas para os riscos do projeto. Seus processos incluem o planejamento do gerenciamento e a identificação dos riscos, a análise qualitativa e quantitativa dos riscos, bem como o planejamento de respostas e monitoramento e controle dos riscos.

Exemplo: Ser imperativo quanto à apresentação obrigatória do atestado médico para a prática das atividades físicas.

A área de *gerenciamento de aquisições* inclui os processos necessários para a aquisição de bens e serviços fora da organização executora do projeto. Seus processos incluem planejar compras, aquisições e contratações, solicitar e selecionar respostas de fornecedores e administrar e encerrar os contratos.

Exemplo: Estimular patrocínios visando a aumentar a receita e a diminuir o custo fixo.

A área de *gerenciamento de integração* inclui os processos necessários para assegurar que os vários elementos do projeto estejam adequadamente coordenados. Seus processos incluem desenvolver o termo de abertura, a declaração do escopo preliminar e o plano do gerenciamento, orientar e gerenciar a execução, monitorar e controlar o trabalho, fazer o controle integrado de mudanças e encerrar o projeto (quando for por um período predeterminado).

Exemplo: Promover cursos de capacitação e palestras para os clientes internos, seus representantes junto dos clientes externos.

5.2 Detalhamento do projeto (proposta comercial)

O projeto inicial (ou anteprojeto) deve ser apresentado visando a uma leitura rápida, agradável e, ao mesmo tempo, consistente. Deverá potencializar retorno, benefícios e ações promocionais que um possível patrocinador obterá com sua entrada no empreendimento, ou que o próprio condomínio obterá com a promoção de atividades esportivas, recreativas e sociais. Veja uma ideia a seguir:

CONDOMÍNIO XYZ – ATIVIDADES ESPORTIVAS

Justificativa

Os obstáculos encontrados no dia a dia, tais como a indisponibilidade de tempo, a dificuldade de deslocamento e transporte e, ainda, o alto preço oferecido no mercado são fatores da falta de prática de atividades físicas.

Estudos científicos comprovam a importância das atividades físicas na melhora do condicionamento físico em geral, diminuindo o aparecimento de doenças e tornando o praticante mais dinâmico, apresentando, assim, melhor capacidade de raciocínio e tomada de decisões.

Público-alvo
Moradores e seus familiares pré-cadastrados.

Modalidades
A definir de comum acordo.

Benefícios
- Aumento do valor venal do imóvel.
- Melhora do condicionamento físico dos moradores.
- Não necessidade de assessoramento por parte dos pais aos filhos na atividade.
- Segurança e tranquilidade no próprio condomínio.
- Rapidez de deslocamento.
- Profissionais qualificados com trabalho personalizado.
- Baixo investimento.

Valor do investimento

Esse item deverá ser colocado após a elaboração de um *checklist*, nome pomposo para planilha de custo (pode-se usar esse palavrão aqui, pois esse documento fica em seu poder, e não no do cliente). Mais adiante, demonstraremos esse documento.

Coordenação técnica

Equipe Personal Vip

- Prof. Marcello Barbosa <marcello@equipepersonalvip.com.br>.
- Prof. Tufic Derzi <tufic@oi.com.br>.

5.3 Diferencial competitivo: como concorrer no mercado

O diferencial competitivo é o ponto crucial para se conseguir bons negócios. Uma empresa deve investir na obtenção e na divulgação de uma filosofia de negócio que lhe garanta notoriedade e a diferencie das demais empresas do ramo. É a sua identidade. É o que a torna diferente das outras, independentemente da imagem, do formato estratégico ou do modo de relacionamento, características marcantes e positivas que são perceptíveis ao mercado. Sim, em primeiro lugar, diferencial competitivo está relacionado aos aspectos positivos. São os pontos fortes, de excelência, que o seu modelo de negócio proporciona. Em que minha empresa é realmente boa? Quais as vantagens que ofereço em relação aos meus concorrentes? Devem-se listar os supostos pontos fortes e compará-los com o mercado. O meu atendimento é o melhor? E as atividades? O meu preço é atraente? Pode ser uma série de pontos, isolados ou não, que podem transformá-lo num *top* em seu ramo: diversificação da grade de atividades, horários alternativos, atividades exclusivas, eventos, imagem impecável, velocidade na resolução de problemas, estrutura sólida, tempo de mercado, profissionais especializados etc. E os pontos fracos? Bem, embora não seja prudente evidenciar externamente esses pontos, internamente precisamos conhecê-los para minimizar seus efeitos no negócio. Porém, não é raro que, após se conhecer e tratar alguns pontos fracos, estes venham a se tornar os pontos fortes da empresa, ou seja, seu diferencial competitivo.

Quadro 5.1 – Descritivo dos pontos fortes e fracos em um negócio

Pontos fortes	Pontos fracos
Atendimento	Preço
Atividades	Manutenção
Professores	Estrutura
Apresentação visual	
Horários alternativos	

Para sermos diferentes e melhores, precisamos conhecer o mercado. Pode ser por meio de revisão de literatura, Internet, observação, pesquisa ou outro meio, mas é essencial conhecer as aspirações e expectativas do público, ou seja, de nossos possíveis clientes. Também precisamos saber como nossos concorrentes atuam, identificando seus pontos fortes e fracos, e estabelecer as prioridades para a nossa empresa. Será que eles estão suprindo as necessidades dos seus clientes? Poderemos concorrer com grande vantagem se identificarmos esses pontos.

Os pontos fortes verificados devem ser comparados com o mercado e escalados numa lista de prioridades, as quais devem seguir uma regra que dá muito certo em *marketing*: "Seja pioneiro. Faça algo que ninguém fez e você será eternamente lembrado." Por isso, caso seja possível, eleja o(s) ponto(s) que o mercado não absorve e procure ser conhecido por meio deles.

5.4 Estratégia para impactação

O anteprojeto será encadernado ou apresentado dentro de um portfólio, em cuja primeira parte se encontrarão as folhas referentes ao projeto e, na segunda, os anexos, ou seja, o material promocional e o currículo institucional/pessoal. Sugerimos o emprego de papel A4, pérsico branco ou casca de ovo, 90 ou 120 gramas. Evite grampear as folhas; utilize apenas grampos tradicionais. Já existem no mercado grampos especiais que proporcionam um diferencial na apresentação. Para juntar até três folhas, aconselhamos a utilização da etiqueta *Omega* (que cobrirá o grampo), a ser utilizada também no seu currículo.

Do currículo institucional constarão os eventos realizados pela empresa; anexe fotos a ele. Obrigatoriamente, sob cada figura haverá uma legenda. Ficha técnica dos referidos eventos também é imprescindível.

O currículo pessoal conterá, no máximo, duas folhas, independentemente do tempo e da experiência; potencializará os dados que corroborarão sua experiência e capacidade na execução do projeto, com informações sintetizadas.

De posse do material, lembre-se de alguns dados importantíssimos:

- Vista-se corretamente para a ocasião. Sugerimos traje esporte fino e, em alguns casos, até terno. Veja a seguir uma foto do ano de 1985, em que o professor Tufic Derzi aparece ao lado do Secretário de Esportes da cidade de São Paulo, do diretor do DETRAN de São Paulo e do comandante da Polícia Militar de São Paulo. Certamente, ele não deveria estar trajado de outra maneira.

- Sexo masculino: barba feita; sexo feminino: maquiagem suave, cabelos presos e unhas feitas.
- Chegue ao local da reunião com 15 minutos de antecedência ("hora Lombardi").

- Caso você tenha um contratempo, ligue, antes da hora marcada, para a empresa que o receberá, lamente o fato e pergunte sobre a possibilidade do adiamento da hora ou da remarcação da reunião.
- Aperte a mão das pessoas com firmeza (nem "mão mole" e nem "para amassar") olhando-as nos olhos. Quem deve estender a mão primeiramente é a pessoa mais importante ou a mais velha.
- Saiba o nome correto de quem o receber.
- Sente-se à mesa somente quando lhe sugerirem que o faça; leve projetos extras, pois nunca se sabe quantas pessoas participarão da reunião; em geral, todas querem e devem se sentir importantes.
- Entregue sempre seu cartão de visitas na mão da pessoa com seu nome posicionado de maneira que possibilite a leitura imediata (dobrar a ponta caiu em desuso).
- Evite falar a palavra "não". Se não concordar com o cliente, diga que entende sua argumentação, mas, se puderem apreciar outros dados... Transporte, então, a conversa para algum tipo de benefício que advirá de sua proposta.

- Abatimento? Desconto? Lembre-se de elaborar um *checklist* e coloque um valor dentro da margem de segurança, na hipótese de algum contratempo.

Veja um exemplo a seguir:

Quadro 5.2 – Exemplo de *checklist*

| Condomínio: _____ Modalidade: _____ |||||
| Dia e horário: _____ Limite _____ |||||
Item	Qtde	$	€	Obs.
Direção				
Coordenação				
Professor				
Estagiário				
Recepcionista				
Faxineira				
Equipamentos				
Impostos				
Depreciação dos equipamentos				
Manutenção dos equipamentos				
Ficha de avaliação				
Material de escritório				

Continua

Continuação

Item	Qtde	$	€	Obs.
Camisa				
Boné				
Material de limpeza				
Representação				
Seguro				
Subtotal				
Margem de segurança				
Valor para venda				

6
Diagnóstico:
A escolha das atividades e a elaboração da grade

Antes de apresentar uma proposta de gestão de atividades físicas para um condomínio, devemos realizar uma avaliação diagnóstica para decidir sobre as atividades e a grade de horário a ser sugerida. Alguns pontos merecem atenção especial.

6.1 Espaço físico

Verificar os locais destinados à prática esportiva e recreativa e os equipamentos disponíveis, como quadra de esportes, de tênis, academia, *playground* etc. Observe também outros espaços que podem ser aproveitados, como salão de festas e áreas comuns do condomínio. É importante medir as áreas para uma projeção do número de atendimentos possíveis por horário.

6.2 Número de unidades

É preciso saber o número de blocos e unidades para projetar a quantidade de atividades oferecidas. Deve-se saber, também, o número de quartos por apartamento para cálculo do número de moradores aproximado.

6.3 Localização geográfica

A região ou o bairro em que o condomínio se situa pode influenciar a escolha das atividades. Questões culturais ou de conveniência demandam determinadas escolhas, assim como carências na região que podem ser excelentes oportunidades de negócio, pois a implantação destas no condomínio pode gerar um excelente diferencial competitivo e agregar valor à sua empresa.

6.4 Perfil dos moradores

É necessário conhecer o perfil dos moradores, buscando informações sobre faixa etária, gênero, condição socioeconômica (uma das formas de obter essa informação sem constrangimento é saber o valor comercial do apartamento para venda e aluguel e o preço do condomínio), condição física e de saúde, além de aptidão e preferências físico-esportivas. O conhecimento dos dias e horários em que os moradores ficam no condomínio, os horários (aproximados) em que eles saem e retornam do trabalho e se costumam ou não ficar em casa nos fins de semana são dados importantes. Existem condomínios, por exemplo, que são muito mais frequentados nos fins de semana que em dias úteis, pois ficam afastados do local (bairro) de trabalho dos condôminos.

Essas informações garantirão a confecção de uma proposta mais condizente com as expectativas e necessidades do condomínio, aumentando a chance de concretização do negócio. Para cada realidade observada, será apresentada uma grade de horários e tipos de atividades que se encaixam melhor naquele perfil. Muitas vezes, informações podem ser obtidas por meio de perguntas à administração, aos empregados e aos moradores, por observação ou com a utilização de alguns instrumentos de diagnóstico, a saber:

6.4.1 Diagnóstico do condomínio visitado

Logomarca da empresa

DIAGNÓSTICO DO CONDOMÍNIO VISITADO

Condomínio: (digite aqui o nome do condomínio)

Endereço:

Bairro: Referência:

Síndico: (nome e contato)

Administração: (nome e contato)

Construtora/administradora:

1. Estrutura física

Quantos blocos?   Quantos apartamentos?   Total:

Quantos quartos por apartamento (média aritmética)?
Qual a metragem dos apartamentos (média aritmética)?
Tem salão de festas? Quantos?
Áreas esportivas e de lazer:
( )Campo de futebol ( )Quadra ( )Piscina
( )Piscina para hidro ( )Academia ( )Quadra de Tênis
( )Quadra de *squash* ( )Sala *teen* ( )Sala de ginástica
( )Área de recreação ( )Área livre reservada
Outros: _____

2. Perfil
Valor do apartamento (médio):
Valor do condomínio:
Quais os serviços oferecidos?
Quantas vagas por unidade?

Observações: _____
_____
_____

Data da visita:
Pesquisador: _____ Rubrica: _____

6.4.2 Pesquisa sobre preferências de atividades físicas

Logomarca da empresa

PESQUISA SOBRE PREFERÊNCIAS

DE ATIVIDADES FÍSICAS

Condomínio: (digite aqui o nome do condomínio)

Morador: _____ Bloco: _____

Apto: _____ Data: _____

Prezados moradores,

A Equipe X é uma empresa especializada em gerenciamento de atividades físicas e de lazer dentro de condomínios. Nossa equipe conta com excelentes profissionais, todos formados e registrados no Conselho Regional de Educação Física (CREF) e especializados em diversas atividades.

1) Tem interesse nesse tipo de serviço?

( ) Sim ( ) Não

2) Tipos de atividades: (marque com um "X" a(s) do seu interesse)

( ) Musculação

( ) Escolinha de esportes. Qual(is): _____

( ) Natação infantil

( ) Hidroginástica
( ) Ioga
( ) Dança de salão
( ) Artes marciais. Qual(is): _____
( ) Aula de tênis
( ) Ginástica
( ) Outros: _____

3) Caso tenha alguma sugestão, use o espaço abaixo:

_____

_____

_____

Favor entregar na administração até o dia _____

6.5 Resultado da pesquisa

Após a aplicação do questionário, deve-se estipular um prazo para sua entrega em aproximadamente duas semanas. Esse prazo é suficiente para que todos possam preenchê-lo e não é muito extenso, o que acabaria por reduzir a motivação e a expectativa da implantação das atividades. Analise a tabela a seguir para compreender a exposição dos resultados.

Tabela 6.1 – Exemplo de tabulação dos resultados da pesquisa por ordem de maior votação

Atividade	Total de participantes	Total de votos	Percentual	Turnos mais pedido
Hidroginástica	67	44	65,60%	Noite
Ioga	67	40	59,70%	Manhã/noite
Tênis	67	37	55,20%	Noite
Futebol	67	21	31,30%	Tarde/noite
Natação	67	16	23,80%	Manhã
Tênis infantil	67	11	16,40%	Manhã/noite
Alongamento	67	8	11,90%	Noite
Vôlei	67	7	10,40%	Tarde

Continua

Continuação

Atividade	Total de participantes	Total de votos	Percentual	Turnos
Spinning	67	7	10,40%	Noite
Lutas	67	5	7,40%	Noite
Ginástica local	67	4	6,00%	Noite
Jump	67	3	4,50%	Noite
Danças	67	3	4,50%	-
Tai chi chuan	67	2	3,00%	-
Basquete	67	1	1,50%	-
Running class	67	1	1,50%	-
Pilates	67	1	1,50%	-

Esses resultados devem ser divulgados no condomínio para que não haja dúvidas quanto à veracidade do resultado das escolhas das atividades, determinadas pelo voto da maioria.

7
Planilha de custos e lucro prospectado

Para realizar o cálculo do custo operacional da sua empresa, devem-se relacionar todos os itens que gerem despesas, sejam eles rotineiros ou esporádicos.

As despesas rotineiras, geralmente de frequência mensal, constituem o *custo fixo* da empresa, enquanto as despesas esporádicas constituem o *custo variável*. Para manter uma empresa funcionando bem, a receita deve superar o custo fixo, prever o custo variável e obter lucro.

Tabela 7.1 – Planilha de custo fixo

Valores em reais												
Item	Jan	Fev	Mar	Abr	Mai	Jun	Jul	Ago	Set	Out	Nov	Dez
Aluguel	600	600	600	600								
Condomínio	400	400	400	400								
Luz	158	145	155	162								
Telefone	75	79	82	77								
Contador	450	450	450	450								
Salários	1.250	1.280	1.250	1.230								
Pró-labore	1.500	1.500	1.500	1.500								
Encargos	215	225	215	210								
Impostos	165	140	180	120								
Material	210	150	110	100								
TOTAL	5.023	4.969	5.157	4.849								

Para fins de cálculo, pode-se obter a média aproximada dos meses anteriores para se determinar o custo fixo aproximado da empresa. No exemplo anterior, poderíamos estabelecer o valor de R$ 5.000,00 como custo fixo. O custo variável refere-se a valores que não são regulares na folha de despesa da empresa. Embora devam ser incluídos na planilha de custos, para fins de projeção, poderíamos estabelecer um percentual do custo fixo para cobrir alguma eventualidade. Geralmente, esse percentual varia entre 10% e 20%.

Depois de definido o custo da sua empresa, é preciso definir o lucro. A margem de lucro é definida pela razão entre o acréscimo sobre o custo do produto e o preço de venda desse produto.

*Margem de lucro =
preço de venda − preço de custo/ preço de venda*

O preço de venda é o valor a ser cobrado nos seus contratos. Ele será determinado pela margem de lucro prospectada. A margem de lucro é expressa em percentual. Então, quando for calculá-la, lembre-se de multiplicar por cem o resultado da fórmula.

O valor de contrato a ser negociado deve cobrir os itens a seguir, num exemplo de uma empresa inscrita no Simples Nacional:

> *Custo de salários x 1,7 x 1,1 x lucro*

Em que:

- 1,7 – Encargos trabalhistas (férias, 13º salário, provisão de 1/3 das férias, rescisão, FGTS etc.);
- 1,1 – Imposto Simples Nacional;
- Lucro – custos gerais + lucro prospectado;

Ex.: Digamos que o custo de salários para determinado condomínio seja de R$1.200,00. O valor a ser cobrado no contrato para um lucro de 25% deve ser de R$ 2.805,00 (1.200 x 1,7 x 1,1 x 1,25).

Essa projeção é puramente esquemática e pode sofrer variações. Procure uma orientação mais detalhada com seu contador.

8
A arte da negociação:
apresentação e fechamento de projetos

Negociar faz parte da vida do Homem desde os primórdios da civilização. Desde o Homem primitivo até os dias atuais, não há um só dia em que não tenhamos de negociar alguma coisa com alguém ou conosco mesmo. Negociamos no nosso trabalho, com nosso chefe, em casa, com nossos filhos, nossos pais, nossa esposa e nossos parentes, com nossos amigos, com a namorada... Enfim, desde que haja alguma relação, há uma negociação.

Quando falamos que negociar é uma arte, estamos destacando um dos fatores essenciais dos grandes negociadores que é o talento. Embora essa habilidade tenha um componente congênito importante e determinante, é possível para aqueles que não nasceram com esse dom conseguirem evoluir e destacar-se no mercado, desde que se utilizem de algumas das estratégias que vamos apresentar a seguir. Em primeiro lugar, temos de conhecer a primeira "lei" dos negociadores de sucesso: negociar é fechar negócio. Esse é o pensamento com que os negociadores e vendedores de sucesso entram em qualquer negociação. Entram para vencer, confiantes, preparados e disciplinados, atentos aos detalhes que podem fazer a diferença para o fechamento do negócio. Para eles, o êxito começa com o pensamento positivo e confiante da vitória. Eles não saem para tentar, saem para fechar a venda. Alguém disse que "tentar é ter a intenção de falhar", e realmente é assim que a mente humana funciona. Se nos concentramos e acreditamos em determinada ação, desejo ou realização, mais possibilidades temos de concretização. Se você acreditar que pode, sua mente começará a trabalhar para viabilizar aquilo que você deseja. Sua autoestima aumenta e você acredita no seu potencial de realização e de superação, transformando os esforços que pareciam imensos em simples caminhos a serem percorridos. Henry Ford, o criador da Ford e das linhas de produção, dizia que "se você pensa que pode, ou se você pensa que não pode, não importa. De qualquer forma você está certo". A história nos mostra, a cada dia, que cada vez mais coisas que antes pareciam ser improváveis de serem realizadas serão realizadas. Situações adversas serão resolvidas por quem acredita em si e busca os recursos necessários para isso.

Negociar é vender, seja um produto (um bem ou um serviço) ou uma ideia. É tornar algo que esteja disponível atraente para alguém. Negociação é um processo de comunicação eficiente no qual são utilizadas estratégias como organização e planejamento, preparação do ambiente e conhecimento de mercado; e fatores pessoais como habilidades de relacionamento, técnicas de convencimento e antecipação de rejeição, criatividade e bom humor. O processo que antecede o momento da venda (negociação) está representado pelo fluxograma a seguir.

FIGURA 8.1 – Processo que antecede a negociação.

Primeiramente deve-se conhecer perfeitamente o objeto da negociação. Seja ele um produto ou uma ideia, deve ser totalmente desvendado pelo negociador para que não haja dúvidas ou perguntas sem respostas. Conhecer o mercado, os concorrentes, os produtos similares, as oportunidades e as necessidades dos consumidores são obrigações que não podem ser desprezadas ou desmerecidas. No nosso caso em questão, o mercado das empresas de *fitness* em condomínios ainda está se estabelecendo. Não são muitas que trabalham especificamente com esse foco, embora já esteja acontecendo uma "corrida" de profissionais, academias e empresas para essa atividade. Após a garantia desses conhecimentos, a preparação do ambiente deve ter uma atenção especial, já que um ambiente propício e com as ferramentas certas facilita e muito o fechamento da negociação.

Planejar a venda significa preparar-se técnica e psicologicamente para o momento do contato com o cliente. Para que isso aconteça, alguns fatores são primordiais:

- *Tenha autoconfiança*: acredite em você e no seu potencial de convencimento. Credibilidade

é a palavra-chave. Para isso, nunca falte com a verdade ou prometa mais do que pode fazer.
- *Não receie a rejeição*: em vendas e negócios, rejeição faz parte. Por isso, concentre-se apenas no objeto da negociação e no perfil do seu cliente.
- *Antecipe as perguntas dos clientes*: tenha as respostas para as dúvidas dos clientes. Mas, de preferência, antecipe suas perguntas, conhecendo os pontos e as características do produto que poderiam gerar questionamentos ou dúvidas, relatando-os.

Quando falamos em negociação, estamos falando necessariamente de pessoas. E sabemos que pessoas são providas de culturas, características e personalidades distintas, o que requer, necessariamente, formas diferentes de tratamento. O que queremos dizer com isso é que cada um de nós possui características cujo entendimento e percepção podem melhorar a forma como gostamos de ser tratados e, assim, aumentar a possibilidade de êxito numa negociação. Cada pessoa tem um estilo ou comportamento que, quando percebemos e nos expressamos com a linguagem do outro, cria-se uma relação, facilitando a comunicação e o entendimento.

Dentre muitas teorias para entender e classificar o comportamento do ser humano, uma das mais destacadas é a Teoria DISC, que resumimos a seguir.

8.1 Teoria DISC

DISC é o modelo de quatro quadrantes de comportamento baseado na obra de William Moulton Marston, ph.D. (1893-1947) para examinar o comportamento dos indivíduos em seu ambiente ou dentro de uma situação específica. (http://en.wikipedia.org/wiki/DISC_assessment).

Naquele tempo a análise comportamental se restringia apenas aos doentes mentais, e Marston queria que esses estudos se estendessem a todos os indivíduos. Foi assim que ele desenvolveu sua teoria para avaliar as respostas emocionais das pessoas a partir de quatro fatores: dominância, influência, estabilidade e conformidade. Em 1926, as descobertas do psicólogo foram divulgadas em seu livro *As emoções de pessoas normais*. A partir de então, seu método foi sendo cada vez mais conhecido e tornou-se a ferramenta de análise mais usada no mundo todo.

> DISC – Estilos pessoais
> Teoria que examina comportamentos e emoções observáveis
> D – direitivo (dominância)
> I – interativo (influência)
> S – social (estabilidade)
> C – calculista (conformidade)

A – Diretivo

Características – Ambicioso, autoconfiante, crítico, competitivo, teimoso.

Fraquezas – Exigente, impaciente, não é bom ouvinte.

Fala – Voz firme, é seletivo no que quer ouvir, tom autoritário.

Como identificar? – Atrasado e apressado.

Como agir? – Deixá-lo descobrir as coisas por si próprio

Palavras "mágicas" – Não vou tomar muito de seu tempo: o que você acha?

Não faça – Dar ordens, discordar dele, principalmente em público, dar muitos detalhes.

O que procura – Ter o controle de tudo.

De que não gosta – Indecisão, ineficiência.

Emoção – Raiva.

O que fazer para fidelizar? Oferecer resultados.

B – Interativo

Características – Influenciador, falador, otimista, negocia conflitos.

Fraquezas – Otimismo exagerado, desatento a detalhes, acredita nas pessoas, não é bom ouvinte.

Fala – Rápida; é ouvinte inconstante.

Como identificar? – Entusiasmo amigável, sorri com os olhos; tudo é levado para o lado pessoal.

Como agir? – Fale sobre ideias e opiniões, reconheça suas ideias, deixe-o falar, sorria.

Palavras "mágicas" – Você vai adorar! Será muito divertido! Demais!

Não faça – Falar o tempo todo, ficar sério, dar muitos detalhes.

O que procura – Reconhecimento.

De que não gosta – Rotina e complexidade.

Emoção – Otimismo.

O que fazer para fidelizar? Oferecer muitos eventos sociais, chamar para dar opinião, elogiar em público.

C – Social

Características – Paciente, equilibrado, modesto, excelente ouvinte.

Fraquezas – Hesitante, não expansivo, dificuldade de estabelecer prioridades, não aprecia mudanças sem motivo.

Fala – Voz calma e confortável.
Como identificar? Metódico e organizado, preocupado com segurança.
Como agir? Faça perguntas e ouça, mostre-se interessado, seja paciente, não ofereça riscos.
Palavras "mágicas" – O que fez você me procurar? Você já viu uma aula?
Não faça – Ser apressado, ser brusco, introduzir mudanças muito rápidas, oferecer opções.
O que procura – Aceitação.
De que não gosta – Insensibilidade e impaciência.
Emoção – Calma.
O que fazer para fidelizar? Oferecer segurança, decidir por ele, falar em particular, explicar detalhadamente a tarefa.

D – Calculista

Características – Exato, diplomático, organizado, metódico, perfeccionista.
Fraquezas – Pessimista, extremamente crítico.
Fala – Nenhuma variação na voz, longas pausas, sério e formal.
Como identificar? Organizado e pontual, sistemático e disciplinado, pouco expressivo e parece frio, questiona muito.

Como agir? Liste vantagens e desvantagens e saiba explicar, comprove tudo o que falar, esteja muito bem preparado.

Palavras "mágicas" – Todas em que constarem percentuais, pesquisas, dados, estatísticas, muitos cálculos.

Não faça – Ser desorganizado, não saber as respostas, fazer muitas promessas.

O que procura – Precisão.

De que não gosta – Desorganização.

Emoção – Medo de errar.

O que fazer para fidelizar? Oferecer dados estatísticos e pesquisas, fundamentar suas ações, responder a todas as perguntas.

A utilização desse modelo facilita a comunicação e o entendimento, proporcionando uma base sólida para a negociação. Seja no momento de apresentar uma proposta, fechar um contrato ou no atendimento do dia a dia, o conhecimento dessas características impulsiona a decisão sobre qual postura se deve adotar para garantir mais eficiência em lidar com pessoas envolvidas na negociação e com seus próprios clientes.

9

Gestão de sua empresa

Saiba que você é culpado por todo erro que acontecer dentro da sua empresa, pois você não soube selecionar, capacitar ou ainda demitir seu funcionário (particularmente, preferimos chamá-lo de colaborador).

9.1 Seleção e recrutamento de pessoal

Segundo o professor Écio Nogueira,

> entrevistadores são pessoas que precisam ser preparadas por meio de treinamentos, cur-

sos, literatura específica, simulações e muita experiência.

Já o professor Fabio Motta afirma que

encontrar a pessoa certa para participar da equipe de sua empresa é muitas vezes uma tarefa muito complicada para gestores, empresários, coordenadores etc.

Para contratar um colaborador de maneira correta, não tenha pressa na seleção, não dê preferência a ele por conhecê-lo nem por concordar com o entrevistador. Uma seleção errada poderá causar prejuízos muito sérios, tanto para a empresa como para o candidato.

Se a pré-seleção ou seleção for feita por currículo, é importante que a empresa determine quais informações são necessitadas pela função ou pelo cargo.

É importante também ter uma relação de professores e estagiários substitutos para alguma eventualidade.

9.2 Treinamento

Treinamento ou capacitação deve ser algo cíclico e que vise à melhora da competência do colaborador.

Se possível, deve também ser conduzido por profissionais qualificados de fora da empresa. Lembre-se do provérbio: "Santo de casa não faz milagres".

O colaborador deve receber instruções fidedignas do cargo, considerando o que fazer, como fazer e por que fazer.

Pense nisso!
Para atender, é preciso entender. Atender é satisfazer necessidades. Atendimento de excelência á superar expectativas.

Marcello Barbosa

9.3 Atendimento de excelência

Vamos começar esse item fazendo algumas perguntas:

- Você está atendendo a seu cliente como gostaria de ser atendido?
- Você tem uma recepcionista ou uma decepcionista? Espero que a sua resposta tenha sido: "Uma recepcionista com visão e capacitação em vendas!"

Entenda o "momento da verdade", que é todo momento em que o cliente contata sua empresa, seja diretamente com você, seus colaboradores, seu *site* ou até mesmo os equipamentos destinados à prática da atividade física.

$$S = \frac{E}{P} \qquad \begin{array}{l} E<P= \text{Sim} \\ E=P= \text{Não} \\ E>P= \text{Não} \end{array}$$

Entenda também a fórmula: satisfação é igual à expectativa dividida pela percepção.

Na prestação de serviços, de qualquer tipo, dificilmente alguém "toma" o cliente de alguém. Normalmente foi o prestador do serviço que o perdeu, desprezando aquilo que era fundamental para ele. Segundo o professor Edvaldo de Farias, o cliente é, em última análise, a própria razão de ser do negócio.

9.4 Determinação das funções

A seleção e o recrutamento são os processos utilizados para se colocar a pessoa certa no lugar certo. Dentro de qualquer organização, essa é uma prática que deve ser levada muito a sério para que não ocorram desajustes que prejudiquem seu negócio. Lembre-se de que você está se tornando um gestor e deve estar cercado por uma equipe competente; assim, deve ser profissional, acima de tudo. Amizades são para a vida pessoal. Não contrate ninguém simplesmente por amizade. Você pode se prejudicar e ainda perder um amigo.

Cada colaborador deve conhecer claramente a sua função para poder realizá-la nos prazos e responsabilizar-se por elas. O líder deverá saber distribuí-las de acordo com o perfil e nível de comprometimento com o projeto.

9.5 Gestão de eventos

Pense: evento ou "é vento"?

Segundo o professor Écio Nogueira, "prever e prover para não ter que socorrer".

Lembre-se de que você trabalhará para outras pessoas se divertirem. Tenha atenção aos detalhes.

Obter verba para gerir o evento é fundamental! Sugerimos ao leitor aprofundar-se nas Leis de Incentivo. Graças a elas, aqui no estado do Rio de Janeiro acontece a Olimpíada da Baixada, com a participação de 13 municípios e aproximadamente 2.800 atletas. Em 10 dias – sempre nos finais de semana –, a organização mandava um ônibus de boa qualidade buscar atletas e comissão técnica (total de 108 pessoas), recepcionava-os à porta do evento, distribuía um uniforme (meião, camisa e *shorts* para o atleta e camisa para a comissão técnica), lanche (total de 5 mil no evento), refrigerantes e água.

9.6 Planilhas de controle

Uma organização necessita possuir, para seu funcionamento adequado e controlado, além de uma estratégia bem-elaborada, os instrumentos certos para coleta, armazenamento e controle dos dados. As planilhas de controle exercem essas funções, desde que sejam elaboradas de acordo com as características do negócio, objetivas e de fácil entendimento. O controle deve ser feito tanto com o público interno (funcionários ou colaboradores) como com o público externo (clientes).

Hoje em dia, as planilhas são digitalizadas e o controle é feito via computador, e, muitas vezes, os dados são enviados via *e-mail* ou por meio de *sites,* ou, ainda, de um sistema *on-line* de inserção de dados. Embora essa já seja uma realidade do mundo atual, em relação a condomínios, hoje em dia ainda são pouquíssimos os que possuem um computador à disposição das atividades internas, o que impede que a inserção e o controle dos dados sejam feitos, em primeira mão, digitalmente.

Assim, as planilhas apresentadas a seguir seguem um formato para o preenchimento manual, mas, obviamente, os dados devem ser digitalizados para análise e *feedback*.

9.6.1 Instrumentos de controle interno

- Folha de ponto

Quadro 9.1 – Exemplo de folha de ponto

FOLHA DE PONTO – CONDOMÍNIO XYZ					
Professor: Andréa				Ano: 2010	
Mês	Janeiro		Fevereiro		Março
Dias	Horas/aula	Rubrica	Horas/aula	Rubrica	Horas/aula	Rubrica
1						
2						
3						
4						

Continua

Continuação

Mês	Janeiro		Fevereiro		Março	
Dias	Horas/aula	Rubrica	Horas/aula	Rubrica	Horas/aula	Rubrica
5						
6						
7						
8						
9						
10						
11						
12						
13						
14						
15						
16						
17						
18						
19						
20						
21						
22						
23						
24						
25						
26						
27						
28						
29						
30						
31						
Total						

- Controle de portaria (a ser preenchido pelo porteiro)

Quadro 9.2 – Exemplo de controle de portaria

Condomínio: XYZ					
Mês/ano: abril/ 2010					
Dia	Hora de entrada	Professor	Dia	Hora de entrada	Professor
1			17		
2			18		
3			19		
4			20		
5			21		
6			22		
7			23		
8			24		
9			25		
10			26		
11			27		
12			28		
13			29		
14			30		
15			31		
16					

- Relatório da supervisão

Quadro 9.3 – Exemplo de relatório de supervisão

RELATÓRIO DE SUPERVISÃO – CONDOMÍNIO: XYZ
Mês/ano: agosto/2010

Condomínio:	
Supervisor:	

Atividade:	Dias:	Horário:

1ª visita	Hora de entrada:
Data:	Hora de saída:
Durante a visita:	
O profissional estava uniformizado?	
( ) Sim ( ) Não	Obs.:
O profissional está preenchendo o controle de frequência?	
( ) Sim ( ) Não	Obs.:
O profissional mantém a sala organizada?	
( ) Sim ( ) Não	Obs.:
O profissional está cumprindo com os horários?	
( ) Sim ( ) Não	Obs.:

Continua

Continuação

2ª visita	Hora entrada:
Data:	Hora saída: |over

Durante a visita:
O profissional estava uniformizado?
( ) Sim   ( ) Não — Obs.:
O profissional está preenchendo o controle de frequência?
( ) Sim   ( ) Não — Obs.:
O profissional mantém a sala organizada?
( ) Sim   ( ) Não — Obs.:
O profissional está cumprindo com os horários?
( ) Sim   ( ) Não — Obs.:
Observações finais
1ª visita
2ª visita

- Livro de comunicação interna

    Pode-se utilizar um livro, bloco ou caderno para que anotações, recados e ocorrências sejam relatados. É fundamental que tudo seja escrito para que nenhum detalhe passe despercebido e a coordenação tenha conhecimento dos fatos e dos recados entre os professores.

9.6.2 Instrumentos de controle externo

- Perfil/avaliação do cliente

    O segredo para se proporcionar um bom atendimento é o conhecimento do seu cliente, e isso se desenvolve por meio da própria convivência e de informações colhidas durante a avaliação inicial. Pode-se desenvolver uma ficha que contenha o perfil dos clientes, resultados e dados mais importantes para a segurança e prescrição dos exercícios.

    Antes de iniciar as atividades físicas, um dos instrumentos que devem ser utilizados para análise do risco de presença ou desenvolvimento de doença cardiovascular é o Questionário PAR-Q, utilizável para pessoas entre 15 e 69 anos. Consiste em sete perguntas cujas respostas negativas fazem que a prática de exercícios só seja liberada pelo médico.

Quadro 9.4 – Exemplo de Questionário PAR-Q

PAR-Q (Physical Activity Readiness Questionnai		
Sim	Não	Questionário de prontidão à atividade física
		1. Seu médico já lhe disse que você é portador de uma afecção cardíaca e que somente deve realizar a atividade física recomendada por um médico?
		2. Você sente dor no tórax quando realiza uma atividade física?
		3. No último mês, você teve dor torácica quando não estava realizando uma atividade física?
		4. Você perdeu o equilíbrio em virtude de uma tonteira ou já perdeu a consciência?
		5. Você sofre de algum problema ósseo ou articular que poderia ser agravado por uma mudança em sua atividade física?
		6. Seu médico está lhe receitando atualmente medicamentos (por exemplo, diuréticos) para pressão arterial ou alguma condição cardíaca?
		7. Você está a par de alguma outra razão pela qual não deveria realizar uma atividade física?

Outro documento que é imprescindível para a empresa é o Termo de Responsabilidade. Esse documento não exime a empresa ou seus profissionais do cuidado com a segurança e da prescrição coerente e responsável dos exercícios, mas exige do aluno (cliente) a participação na responsabilidade dos dados informados, obediência aos exercícios propostos e garantia da entrega do atestado médico.

TERMO DE RESPONSABILIDADE

Como previsto em lei, todos os clientes deverão apresentar documento, emitido por médico, em papel timbrado e com número de inscrição no Conselho Regional de Medicina, atestando estar apto à prática de exercícios físicos *antes de iniciar os exercícios*. Em razão da natureza da atividade, o aluno_____ responsabiliza-se por qualquer possível efeito decorrente da prática de exercícios físicos, isentando assim a empresa _____ de qualquer responsabilidade legal.

Declaro serem verdadeiras as respostas do "PAR-Q" e estar ciente de todas as disposições previstas e de acordo com elas.

_____
(assinatura do cliente)

- Controle de frequência de alunos

Quadro 9.5 – Exemplo de planilha para controle de frequência dos alunos

Condomínio: XYZ													Mês/Ano: Julho/ 2010																		
Atividade: musculação																															
Horário: 6h30 às 9h30 e 18h30 às 21h30																															
Horário	1	2	3	4	5	6	7	8	9	10	11	12	13	14	15	16	17	18	19	20	21	22	23	24	25	26	27	28	29	30	31
06h30 07h00																															
07h00 07h30																															
07h30 08h00																															
08h00 08h30																															
08h30 09h00																															
09h00 09h30																															
18h30 19h00																															
19h00 19h30																															
19h30 20h00																															
20h00 20h30																															
20h30 21h00																															
21h00 21h30																															

- Fim de semana (sábado/domingo)

- Ficha de exercícios

Quadro 9.6 – Exemplo de ficha de exercícios

Nome da academia				
Mês/ano: Julho/ 2010		Nome do aluno: 7		
Reavaliação: Nível: 15/03/2010 1		Professor: Professor 1		
Alongamento inicial: 1,4,7,11		Alongamento final: 2,3,4,13		
Ficha: 1		Impressões: 7		
Exercícios		Série	Repe- tição	Carga
Abdômen – Flexão do ombro				
Costas – Levantamento solo				
Trapézio – Encolhimento dos ombro				
Costas – Remada máquina				
Coxa, glúteos, pernas – Flexão plantar				
Peitoral – Supino articulado inclinado				
Peitoral – Supino articulado inclinado				
Peitoral – Supino articulado inclinado				

- Meios de comunicação com o cliente: caixa de sugestões, *e-mail*, *sites* de relacionamento, pesquisa de satisfação

A comunicação com seus clientes deve ser feita de forma sistemática, cordial e receptiva, por meio de canais e ferramentas que retratem, com a maior fidedignidade possível, os desejos e anseios dos clientes. Essas necessidades devem ser atendidas na medida do possível, desde que não fujam da proposta acordada nem causem dano ou coloquem em risco a imagem da empresa.

É fundamental que os clientes sejam respondidos em todas as suas solicitações, reclamações ou elogios. Eles precisam receber *feedback* o mais rápido possível, independentemente do conteúdo da resposta, para que se estabeleça uma relação de respeito e confiabilidade entre as partes.

O desenvolvimento da tecnologia vem otimizando a comunicação entre as pessoas. A velocidade da informação e os veículos remotos permitem que o processo se desenvolva com muito mais rapidez, poder de segmentação e abrangência. Desde a tradicional "caixa de sugestões" até os *sites* de relacionamento, as possibilidades são inúmeras. Porém, para que surtam o efeito desejado, devem medir exatamente o que se propõe. No caso de medir o grau de satisfação dos clientes atendidos, propomos um exemplo de questionário de satisfação.

CONDOMÍNIO XYZ

QUESTIONÁRIO DE SATISFAÇÃO

Nome: Bloco/ap.:   Data:

1. Você se sente bem-atendido na academia enquanto realiza suas atividades?
( ) Sim   ( ) Não. Por quê? _____

2. Em sua opinião, o que lhe agrada no atendimento dos profissionais e o que poderia melhorar?

3. Você tem elogios e/ou reclamações a fazer sobre algum profissional?

4. Você está satisfeito com o quadro atual de atividades do *fitness*?
( ) Sim   ( ) Não. O que poderia melhorar?_____

5. O que você tem a dizer sobre as atividades extras eletivas?

- Novos valores_____
- Horários _____
- Escolha das modalidades_____
- Professores_____
- Outras modalidades de interesse_____
- Outros _____

6. Como você fica sabendo dos nossos eventos no condomínio?

( ) Quadro de avisos ( ) Na academia
( ) Por outros moradores ( ) Outros_____

7. O que mais lhe agrada nos eventos?

( ) Os temas referentes ( ) O encontro entre moradores
( ) As atividades realizadas ( ) Outros_____

8. O que você acrescentaria para que nossos eventos ficassem ainda mais agradáveis?

9. Há alguma coisa que não lhe agrade nos eventos?

10. Que tipo de evento você gostaria que fosse realizado em seu condomínio?

9.7 Retenção de clientes

9.7.1 Aumentar a retenção dos clientes: o grande desafio!

Os benefícios do exercício físico já estão comprovados e bastante disseminados junto da população, principalmente nos grandes centros urbanos. Pesquisas, artigos, matérias jornalísticas, depoimentos de profissionais de saúde e programas de televisão são alguns dos veículos que versam sobre a importância da prática regular de exercícios físicos. Então, por que as pessoas não se engajam em um programa de atividades físicas? E, quando o fazem, por que não conseguem se manter fiéis por muito tempo, fazendo que a prática do exercício físico seja parte constante do cotidiano?

As possíveis respostas a essas perguntas são objetos de intensos debates entre pesquisadores, empresários e profissionais da área da saúde. O grande desafio é o entendimento das variáveis que atuam e interferem numa mudança de comportamento do indivíduo em relação à saúde, na sua forma mais ampla de possibilidades. Para isso, devemos ter uma visão mais holística dos aspectos psicossociais, emocionais e cognitivos que influenciam tanto a tomada de atitude quanto a manutenção desse procedimento.

A adesão às atividades propostas no condomínio pode interferir diretamente na manutenção ou renovação do contrato da sua empresa. Se, numa academia, as aulas vazias estão sob constante ameaça, o que dizer nos condomínios, cujo pagamento é feito diretamente por cada condômino? Sabemos, por meio de diversas pesquisas, que o índice de sedentarismo da população brasileira é muito grande, o que é, de fato, muito preocupante, pois diversos estudos apontam para uma relação direta entre exercício e prevenção de doenças. Porém, como convencer as pessoas a saírem de frente da televisão ou do computador para se "mexerem" um pouco? Como fazer para que mudem de atitude?

A análise das variáveis que interferem negativamente na adesão ao exercício e os processos capazes de desencadear uma mudança de comportamento parecem ser o caminho mais adequado para se compreender e buscar alternativas capazes de levar a população a conscientizar-se da importância de ingressar em programas regulares de exercícios físicos. Mas levar a conscientizar-se somente não é o bastante. Pesquisas demonstram que, embora muitos entendam os benefícios e acreditem neles, poucos tomam a atitude da mudança e se mantêm fiéis à prática. Diversos modelos de comportamento foram criados para facilitar as intervenções com exercícios de acordo com a realidade das pessoas. O Modelo Transteórico (Prochaska e Di Clemente, 1991) exerceu a maior influência dos últimos anos na elaboração das intervenções com exercícios e foi aplicado em inúmeras áreas de mudança comportamental no campo da saúde (ACSM, 2006). Esse modelo refere-se a uma progressão de comportamento por meio de estágios predeterminados, nos quais cada indivíduo se encontra momentaneamente. Os estágios se definem como:

- *pré-contemplação*: nenhuma intenção de fazer mudança e nenhum exercício;
- *contemplação*: intenção (os indivíduos pensam em fazer a mudança), porém nenhum exercício;
- *preparação*: intenção e exercício ocasional (sem regularidade e os critérios mínimos recomendados);
- *ação*: exercício regular, porém com frequência inferior a seis meses;

- *manutenção*: exercício regular por seis meses ou mais.

Esse modelo reconhece que, embora primariamente psicológico, fatores específicos do processo de mudança, como a percepção dos benefícios (prós) e das barreiras (contras), incluem em sua análise fatores sociais e do ambiente. Por considerar os processos cognitivos e comportamentais, além dos fatores internos e ambientais, todos envolvidos na adoção do novo comportamento relacionado à saúde, o Modelo Transteórico ganha destaque na área da atividade física (Barbosa, 2008).

Ao se adquirir conhecimento sobre o estágio de mudança de comportamento em que seu cliente se encontra, torna-se mais clara a metodologia a ser empregada para facilitar a progressão da mudança e a posterior manutenção desse comportamento. Dessa forma, ao classificarmos o indivíduo, teríamos indícios sobre a intervenção mais adequada em cada caso, de acordo com o comportamento identificado (Barbosa, 2008).

Na fase de pré-contemplação, é necessário fazer uso de diversos recursos para enfatizar a importância da mudança. O que se destaca nessa fase é a informação, que deve ser apresentada de maneira simples, clara e compreensível. São cartazes, avisos, pesquisas e *folders* informando os benefícios do exercício físico regular. Deve-se espalhar esse material pela academia e pelo condomínio, nos elevadores, por mala direta ou outros meios de comunicação.

Quando essas informações estão associadas ao ambiente e às experiências de cada um, existem maiores chances de serem absorvidas. Deve-se tentar encontrar uma correspondência entre a atividade e a realidade da pessoa. O médico e a família também figuram como elementos importantes, ajudando na mudança de estágio.

Já a contemplação envolve a intenção da mudança. Existe a vontade, mas ainda não foi dado o primeiro passo. A influência do profissional de Educação Física é maior nesse caso que no primeiro, pois pode possibilitar a adesão por meio de facilitadores que visam a determinar os riscos e benefícios de se fazer ou não a mudança esperada. Os facilitadores são as ações desenvolvidas que contribuirão para a mudança de atitude, sendo necessário, primordialmente, o conhecimento profundo de cada cliente em questão.

Horários flexíveis, oferta de atividades e serviço de

personal trainer são exemplos de facilitadores. A informação continua sendo muito importante e tem um peso maior quando combinada com instruções acerca de como realizá-la. Aulas experimentais, "aulões" comemorativos e eventos são oportunidades para convidar aqueles moradores que ainda não deram o primeiro passo. Fazê-los sentir, experimentar, ter a sensação positiva de uma atividade pode significar um início de mudança.

A fase da preparação é caracterizada pelo exercício ocasional e irregular, porém o indivíduo já possui algum conhecimento e considera os benefícios da prática de exercícios. Isso já é visto como um grande facilitador, e o desafio do profissional de Educação Física é mostrar que os objetivos serão atingidos somente se o cliente mantiver regularidade mínima capaz de promover as mudanças objetivadas por ele (Barbosa, 2008).

Na fase da ação, embora o exercício seja regular, ainda não ultrapassou seis meses de prática, e os incentivos constantes não devem ser desprezados, pois podem prevenir recidivas, além de manterem o apelo motivacional da atividade.

A fase da manutenção requer um pouco mais de criatividade do profissional de Educação Física. O desafio é não deixar que a atividade se torne monótona e, desse modo, diminua o interesse do praticante, além de intensificar o reforço positivo para preservar a mudança comportamental adquirida. Com estímulos variados, planejamento de metas específicas, reforços e *feedbacks* apropriados, é possível que o praticante mantenha-se ativo durante um longo período de tempo. Tanto nessa fase como na anterior, eventos externos, "aulões", circuitos, comemorações e outras formas de se desfazer a rotina são estratégias inteligentes para a adesão.

O profissional de Educação Física experiente ajuda o cliente a identificar todos os benefícios e custos da mudança de comportamento. Uma vez identificados tais benefícios e custos, profissional e cliente poderão, juntos, criar maneiras de reduzir os custos e aumentar os benefícios.

9.7.2 Variáveis que influenciam negativamente a adesão ao exercício (ACSM)

Fatores pessoais
- Fumar.
- Ter tempo de lazer inativo.

- Realizar uma ocupação inativa.
- Desempenhar atividade sedentária.
- Ter personalidade tipo A (ver Tabela 10.1).
- Possuir maior força física.
- Ser extrovertido.
- Ter reputação baixa.
- Estar acima do peso e/ou ter índice ponderal baixo.
- Ter baixa autoestima.
- Ser/estar deprimido.
- Ser hipocondríaco.
- Ser ansioso.
- Ser introvertido.

Fatores do programa

- Horário e/ou localização inconvenientes.
- Custo excessivo.
- Exercício de alta intensidade.
- Falta de variedade no exercício.
- Ter de se exercitar sozinho.
- Falta de *feedback* ou reforço positivo.
- Objetivos inflexíveis do exercício.
- Baixa taxação de divertimento para os programas de corrida.
- Liderança precária no exercício.

Outros fatores

- Falta de apoio do cônjuge.
- Clima de intolerância.
- Distância excessiva do trabalho.
- Lesão.
- Mudança e/ou modificação no trabalho.

Tabela 9.1 – Tipos de personalidades e seus respectivos comportamentos

A	B	C	D	E	Comportamentos
5	4	3	2	1	Desanimo-me facilmente.
5	4	3	2	1	Não costumo fazer mais que o habitual.
1	2	3	4	5	Só raramente ou nunca me deixo abater.
5	4	3	2	1	Não tenho objetivos preestabelecidos.
1	2	3	4	5	Faço questão de cumprir as promessas, especialmente aquelas feitas pessoalmente.
5	4	3	2	1	Não imponho muita organização às minhas atividades.
1	2	3	4	5	Tenho uma personalidade muito irascível e agressiva.

*Segundo Escala de Avaliação (ACSM, 2000).

Orientações: circular o número abaixo da letra correspondente à alternativa que melhor descreve até que ponto a afirmação é característica quando aplicada a você. As alternativas são:

- extremamente descaracterizado para mim;
- bastante descaracterizado para mim;
- nem característico nem descaracterizado para mim;
- bastante característico para mim;
- extremamente característico para mim.

Determinação do escore: juntar os sete números circulados. Um escore menor ou igual a 24 sugere um comportamento propenso à desistência. Quanto mais baixo for o escore de automotivação, maior será a probabilidade de falta de adesão ao exercício. Se o escore sugere propensão à desistência, deve ser encarado como um estímulo a continuar ativo em vez de como uma profecia de autodesempenho para abandonar o exercício.

9.7.3 Variáveis que influenciam positivamente a adesão ao exercício (ACSM)

- *Preparação* – O profissional do exercício deve estabelecer expectativas realistas entre os novos participantes.
- *Modelagem* – Iniciar o programa de exercícios com uma dosagem (intensidade, frequência,

duração) que seja confortável para o participante e aumentar o volume lentamente até alcançar o nível ideal.

- *Estabelecimento de objetivos* – Os objetivos devem ser individualizados e basear-se no estado fisiológico e psicossocial do participante.
- *Reforço* – Deve-se perguntar aos participantes quais os reforços (recompensas) que funcionariam para eles. Uma das recompensas mais efetivas pode ser o elogio específico para cada indivíduo. Diplomas, faixas e gráficos de comparecimento também podem ser usados como elementos de reforço.
- *Controle do estímulo* – Sugestões ou estímulos ambientais (por exemplo, notas por escrito, despertadores) podem ser usados para lembrar aos participantes de que devem manter seu compromisso com o exercício. A escolha de determinada hora e lugar para o exercício estabelece um poderoso controle dos estímulos.
- *Contratação* – Um contrato comportamental revelou-se capaz de fortalecer o compromisso com o exercício. A assinatura do contrato formaliza o acordo e torna-o mais significativo.

- *Estratégias cognitivas* – Os participantes devem ser orientados acerca das vantagens e desvantagens do exercício.
- *Generalização do treinamento* – Devem ser adotadas medidas específicas para "generalizar" o hábito do exercício do ambiente do ginásio ou do lar para outros ambientes (por exemplo, caminhar durante as pausas do trabalho, usar as escadas, fazer jardinagem, estacionar o carro longe das lojas etc.).
- *Apoio social* – O apoio da família, dos amigos e dos colaboradores deve ser procurado desde o início.
- *Autocontrole* – Devem-se encorajar os participantes a serem seus próprios terapeutas comportamentais. Devem enfocar o autorreforço, visando a uma maior autoestima, alegria do próprio exercício e benefícios antecipados no que concerne a saúde e aptidão.
- *Treinamento para prevenção de recaída* – Os profissionais do exercício devem preparar os participantes para situações que podem levar à recaída e para as maneiras de lidar com elas, a fim de evitar recaída completa. Devem ser encaradas como desafios inevitáveis, não como falhas.

Ainda segundo o ACSM (2000), uma abordagem mais conveniente consiste em avaliar o nível educacional do indivíduo, os recursos que facilitam a mudança comportamental, a disposição de aprender e as crenças pessoais. Além disso, os profissionais devem viver a vida que prescrevem. Ao agirem dessa forma, suas ações como "modelos das funções" poderão influenciar positivamente os comportamentos daqueles que eles aconselham e educam.

Para fidelizar seus clientes, a empresa e os profissionais que trabalham na ponta devem buscar, constantemente, a confiança dos clientes. Obter essa confiança depende de um conjunto de ações e posturas que são observadas no cotidiano dos treinamentos. Isso significa que a credibilidade da empresa é um elemento importante na mudança de atitude do cliente, que é determinada por argumentos sólidos de conhecimentos aliados a argumentos de ordem emocional que despertam a atenção do alvo da persuasão (cliente).

Barbosa (2008) apresenta os fatores que devem ser observados e levados em consideração quando se pretende manter o cliente em treinamento por muito tempo. São divididos em *fatores técnicos* e *fatores relacionais*. Veja a seguir os trechos extraídos do livro *Treinamento personalizado: estratégias de sucesso* (2008):

Fatores técnicos

- Estabeleça objetivos realistas e de curto prazo

Cada objetivo deve ser traçado junto com o cliente, tanto para atender às expectativas como para torná-lo corresponsável pelo sucesso do treinamento por meio de sua participação consciente durante todo o processo. Os objetivos devem ser sempre possíveis de serem alcançados, e, em um curto espaço de tempo, os resultados devem ser atingidos, o que estimula a continuação do treino. Não se deve prometer uma mudança improvável de acontecer. Fazer isso é dar a si próprio atestado de incompetência, além de criar uma falsa expectativa, levando inevitavelmente o cliente à frustração. Cada biotipo deve ser respeitado, e o treinamento deve ser preparado de acordo com as características individuais. Um prazo curto para se obter determinado resultado é uma excelente estratégia de se manter um alto nível de motivação durante o treinamento.

- Forneça o *feedback* positivo do treinamento

O cliente deve receber sempre os bons resultados por ele obtidos durante as fases do treinamento. Aumentos da força e da resistência, melhora da flexibilidade, redução do percentual de gordura ou de medidas, diminuição da frequência cardíaca de repouso, melhora do condicionamento físico ou da estética e diminuição do estresse e da ansiedade são resultados que poderiam passar despercebidos quando não corretamente sinalizados pelo professor. Dessa forma, os bons resultados devem ser sempre enfatizados, e os resultados adversos, minimizados. Não é que estes não tenham importância para a análise do treinamento, mas devemos saber exatamente os motivos pelos quais não alcançamos os resultados esperados e informar o cliente. O que não deve ser feito é alarde sobre isso ou dar mais importância aos erros que aos acertos. A utilização de gráficos de progressão e resultados também confere maior credibilidade ao seu programa, assim como promovem maior visibilidade aos resultados obtidos e melhor visualização do desempenho e da distância ou proximidade dos objetivos.

- Discuta e informe sobre o treinamento do seu cliente

Leve seu cliente a conscientizar-se das fases do treinamento, da importância da continuidade e regularidade e discuta sobre os objetivos específicos pretendidos e as melhores maneiras de consegui-lo, visando sempre à cumplicidade e à aprovação do cliente para a obtenção dos resultados. Permita ao cliente interferir, de forma positiva, na periodização do treinamento, por exemplo, informando seu estado físico e psicológico para que possa haver ajuste da intensidade e do volume do treino. Delibere funções, prescreva treinos e cobre resultados. É importantíssimo que o cliente sinta-se também responsável pelo sucesso do programa, dividindo com o profissional a responsabilidade por manter-se motivado por meio da sistematização de atitudes. Para se criar um hábito ou para mudar determinadas posturas, é necessário treinar novas atitudes. Dificilmente se consegue mudar radicalmente uma maneira de ser de uma hora para outra, com exceção de situações de fortes emoções, em que uma mudança é imperativa para a vida. É preciso treino e disciplina para que uma nova atitude incorpore-se definitivamente em nossa personalidade, promovendo uma transformação consciente nos aspectos que desejamos alterar.

- Forneça informações sobre atividade física e saúde

Aumente o conhecimento de seu cliente acerca da importância da atividade física sistematizada, tornando-o mais compromissado com a atividade e satisfeito com o trabalho desenvolvido. Para tanto, separe artigos, matérias e informações relevantes sobre o assunto. Envie periodicamente via *e-mail*, fax, cartazes, *folders* ou entregue pessoalmente esses materiais com o intuito de promover maior conscientização sobre o universo da preparação física e suas vertentes de conhecimento. Torne-o seu cúmplice nessas questões, e, desse modo, seu trabalho fluirá muito melhor.

- Não permita que a rotina desmotive os treinamentos

A continuidade também depende da variação dos treinos, dos estímulos e das estratégias. Utilizar meios que desfaçam a rotina é uma excelente forma de manter a motivação. Variar, de vez em quando, um exercício, o local do treinamento, o horário, o programa ou a forma de execução não afeta os objetivos, podendo ser aliados importantes, em especial com clientes mais estressados, agitados e avessos a ações repetitivas. Enfatize a variedade e a alegria durante as sessões de exercício, incluindo uma competição, um jogo ou desafios que motivem seus clientes e permitam que o treino saia da rotina do cotidiano.

- Enfatize a importância do treinamento e supervalorize o seu trabalho

Antes de qualquer venda bem-sucedida, é necessário acreditar no produto. Nesse caso, o produto é você e sua equipe. Portanto, acredite em si e demonstre isso para seus clientes e também para a sua equipe. Discurse sempre sobre atividade física, mas de modo apaixonado e entusiasmado. Demonstre sua importância (professor) na vida do cliente como agente da saúde e boa forma; instrua-o de maneira que ele perceba os benefícios proporcionados por você e que, sem isso, provavelmente ele sucumbirá à preguiça e ao sedentarismo.

- Desenvolva suas competências

Aprimore seus conhecimentos e habilidades. Competência é saber e querer fazer. O saber é racional e envolve conhecimento técnico e experiência. Já o querer é emocional, é gostar do que se faz, é ter paixão por isso. Estude sempre, busque novos caminhos, aprimore-se. Aumente sua concentração e não perca o foco. Embora ter uma visão globalizada seja um excelente negócio, tome cuidado para não se distanciar dos seus propósitos.

- Crie um diferencial

Essa é uma das prerrogativas do sucesso em qualquer profissão. O diferencial pode ser uma qualidade única, um conjunto ou uma associação de posturas, conhecimentos, maneiras, personalidade, organização e atendimento, isto é, o que pode identificar e dar destaque a você e ao seu trabalho.

- Minimize os riscos de lesões

Lesões e dores musculares excessivas são alguns dos fatores que contribuem para a desistência e o receio de se iniciar a prática da atividade física. A importância de uma anamnese bem-elaborada está no fato de se conhecer relativamente bem anseios, bem como condições físicas e psicológicas do seu cliente. Somente a partir desse ponto é que se pode iniciar um programa um pouco mais específico e com menor risco.

- Reconheça e valorize os méritos do cliente

Todos gostamos de receber elogios. Uma das virtudes mais negligenciadas em nosso dia a dia é a valorização. Nosso cliente precisa receber elogios. Um elogio sincero, após um bom resultado ou uma conduta positiva perante a atividade física, demonstra que você está atento e sabe reconhecer o esforço dele em permanecer fisicamente ativo. Você não deve bajular ou aprovar tudo o que seu cliente diz ou faz. Você deve até reprimi-lo por atitudes equivocadas, mas também deve sempre encorajá-lo a retomar o melhor caminho. Por isso, é importante valorizar qualquer pequeno avanço ou sucesso para estimular o cliente a manter-se no programa e traçar novos objetivos.

- Pratique aquilo que você prega

Não é possível falar sobre saúde, boa forma e qualidade de vida sendo sedentário, obeso ou não condicionado. Não podemos cobrar uma mudança de hábitos e atitudes dos nossos clientes se não o fazemos. A verdade é que somos (ou deveríamos ser) a imagem e o exemplo de atitudes positivas em relação ao nosso corpo e à nossa saúde. Para isso, precisamos nos conscientizar da importância que representamos para outras pessoas e criar, de fato, os hábitos saudáveis dos nossos discursos.

Fatores relacionais

Você já percebeu o quanto somos interessados em nós mesmos? Definitivamente, as pessoas se interessam muito mais por elas mesmas que por seus semelhantes. Quando se trata de relacionamento, muitas pessoas não são felizes por tentarem, em vão, fazer que os outros se interessem por elas. Por isso, demonstre interesse pelo seu cliente. Ao fazê-lo, ele lhe será grato para sempre, além de desejar sempre sua presença. É a natureza humana: quem não gosta de se sentir importante para alguém? Quando nos interessamos pelo outro, conseguimos o respeito e a atenção dele para nós mesmos. É uma relação de troca.

Ouça seu cliente. Deixe-o falar, incite-o. Quanto mais informações você obtiver dele, mais condições terá de estabelecer um relacionamento duradouro.

Além disso, quando ouvimos alguém, demonstramos respeito pelas suas ideias e interesse no que tem a dizer.

Um grande desejo do ser humano é o de ser apreciado. Todos querem se sentir importantes para alguém. Essa é uma profunda solicitação do desejo humano. As relações humanas são motivos de pesquisas desde milhares de anos atrás, e existe um preceito tão antigo quanto atual que foi resumido por Jesus em um pensamento: "Faça aos outros o que quer que os outros lhe façam." Todos desejamos a aprovação e o reconhecimento das pessoas que nos cercam; queremos nos sentir importantes e reconhecidos pelos nossos valores. Desse modo, não perca a oportunidade de fazer seu cliente sentir-se importante, já que, na verdade, ele é muito importante para você.

A ação emana daquilo que fundamentalmente desejamos, e, se desejamos convencer alguém de que somos realmente diferenciados, precisamos despertar um grande desejo nessa pessoa, que deve ser aquilo que realmente interessa ao seu cliente. Qual o verdadeiro objetivo dele, o que o tornará mais feliz? Conseguir responder a essa questão tornará seu cliente realmente participativo no processo da adesão ao seu treinamento e a você.

O entusiasmo que empregamos diariamente junto do nosso cliente é determinante na fidelização ao treinamento. O profissional entusiasmado arrasta multidões para junto de si. Ele é otimista, confiante, persistente e habilidoso com as pessoas. Profissionais motivadores e criativos, ousados e sedutores conseguem destacar-se de outros. A força do entusiasmo é uma energia que existe dentro de cada um de nós, e cada ação, gesto, sorriso e palavra denota essa força, sendo boa parte dela transmitida ao cliente. Portanto:

- demonstre segurança em suas atitudes e no seu discurso;
- mostre-se verdadeiramente interessado em seu cliente;
- seja um bom ouvinte, incite seu cliente a falar dele;
- fale de assuntos que interessem a ele;
- faça seu cliente sentir-se importante;
- desperte um grande desejo no seu cliente;
- seja sempre muito entusiasmado.

Transforme-se agora mesmo no profissional que você deseja ser. Mude tudo, arrisque-se. Motive-se e sorria. Treine esse lado que está adormecido em você. Renove-se. Se você conseguir realizar essas prerrogativas, seu sucesso estará garantido.

10
Aspectos inter-relacionais:
liderança e motivação da equipe

Em qualquer empresa e, principalmente, em empresas voltadas para o serviço, os resultados são obtidos por meio de pessoas, e um dos aspectos mais importantes para uma gestão de sucesso é a forma como o líder se relaciona com seus colaboradores.

Entre tantos fatores influenciadores de uma relação, a confiança é o sentimento mais importante numa relação tanto pessoal quanto profissional. Poderíamos arriscar que uma parte significativa dos relacionamentos afetivos termina quando a confiança entre o casal já não existe mais ou que relacionamentos que começam com desconfiança de uma ou ambas as partes tendem ao fracasso. Na relação profissional, não é diferente. É fundamental que, no ambiente de trabalho, os comportamentos desejados sejam pautados pela honestidade e pela justiça, creditando nas relações que ali se desenvolvem um ambiente de segurança e de confiança.

Inúmeros são os trabalhos e publicações realizados na área da Psicologia Social e da Administração que discutem o papel do líder nas organizações. Uma obra de destaque desse perfil é *O monge e o executivo*, de James C. Hunter (2004), que evidencia o modelo do líder servil, cuja preocupação baseia-se em proporcionar condições ideais para que seus seguidores tenham suas reais necessidades satisfeitas, garantindo assim maiores possibilidades para o desempenho profissional.

Hunter (2004) define muito bem o que um líder servil entende como o único modo de se influenciar verdadeiramente outras pessoas. Para isso, segundo o autor, primeiramente é fundamental compreender a diferença entre poder e autoridade.

- *Poder*: é a faculdade de forçar ou coagir alguém a fazer a sua vontade em virtude de sua

posição ou força, mesmo que a pessoa preferisse não fazê-lo;
- *Autoridade*: é a habilidade de levar as pessoas a fazerem de bom grado o que você quer em virtude de sua influência pessoal.

Toda liderança deveria pautar-se pelaa autoridade, e não pelo poder. Um líder não ameaça ou impõe algo com base em seu poder de demitir ou castigar. Um verdadeiro líder baseia sua liderança em seu caráter e em sua influência pessoal. As pessoas o seguem por acreditar e confiar e, mesmo que não concordem com alguma postura, o que é completamente normal, já que cada um de nós tem uma maneira singular de ver os fatos, uma liderança com base na autoridade faz que a equipe entenda essas diferenças e apoie suas atitudes.

Para ser um líder, é preciso, sobretudo, acreditar no que se diz e colocar em prática seu discurso, já que palavras sem ação não representam nada. A equipe precisa acreditar que aquilo que está sendo dito é o pensamento sincero do gestor da empresa e que ele se empenhará de todos os modos para tornar reais suas ideias.

Quando nos envolvemos num projeto ambicioso, nossos pensamentos ultrapassam todos os limites que julgamos serem impossíveis. O ser humano prova a cada dia que quase nada é definitivo e que para quase tudo existe uma solução ou um caminho que ainda não foi traçado. Cada um de nós tem o potencial de alçar voos muito mais altos que fazemos ou imaginamos. O grande líder, além de acreditar, busca essa realização e motiva seus seguidores a fazerem o mesmo por meio de estímulos positivos, condições favoráveis, reconhecimento e confiança.

Pense nisso!
Um líder deve inspirar sua equipe a desenvolver as capacidades que estiverem aprisionadas em seus limites autoimpingidos.

É natural que quanto maior for a equipe, maiores sejam as possibilidades de desentendimentos e descontentamentos. Tampouco poderíamos esperar que alguém detivesse a capacidade de minar todos os problemas e as diferenças e promovesse numa empresa um ambiente totalmente feliz e sem nenhum tipo de reclamação. Nem o Maior de todos conseguiu esse feito. Mas é possível esperar uma liderança consciente e responsável, comprometida com os funcionários e os resultados, com ética e respeito e

com base numa política de reconhecimento e de trabalho em equipe. Para isso, deve-se:
- deixar claro quais as funções e responsabilidades e de que forma será medido o desempenho da equipe;
- nunca esperar um resultado perfeito para se elogiar alguém, pois pode ser que isso nunca ocorra, e você perderá a oportunidade de reconhecer uma atitude ou um trabalho benfeito;
- elogiar em público, enquanto a repreensão deve ser feita de forma particular, reservada;
- mostrar-se verdadeiramente interessado em cada integrante da sua equipe;
- ouvir atentamente seus comandados.

Muitos creem que liderar é procurar falhas, quando, na verdade, devemos exacerbar as qualidades e os acertos apresentados, ajudando as pessoas a melhorar seus desempenhos por meio da criação de condições favoráveis, muito embora os erros devam ser sempre sinalizados para evitar que um problema de solução simples se acumule, tornando-se, assim, bem mais complexo.

De todos os aspectos negativos de um relacionamento profissional, a sensação de injustiça é um dos piores sentimentos que poderiam ocorrer com algum dos seus colaboradores. Causa mágoa, reduz a autoestima, provoca ressentimentos e revolta. Assim, antes de qualquer tomada de decisão, seja para cobrar explicações ou repreender alguma atitude, um líder deve observar pessoalmente o comportamento do funcionário em vez de se basear apenas em determinada informação. Caso isso não seja possível em razão da urgência dos fatos, deve-se pedir para que o(s) envolvido(s) relate(m) o acontecido antes da tomada de qualquer decisão. Nenhuma ação deve ser reativa ou precipitada. Lembre-se de que é fundamental que seu colaborador enxergue em você características como justiça e lealdade. Por isso, esteja absolutamente certo dos fatos antes de tomar qualquer atitude.

Um líder deve ser um grande motivador. Para que ele consiga influenciar sua equipe precisa, sobretudo, ser entusiasmado.

E entusiasmo é energia, magnetismo, força que transforma e revigora a cada dia, é o poder que se tem para superar dificuldades ou acalentar o próximo, é a chama que existe no fundo de cada coração e que deve ser estimulada a todo instante por meio dos bons pensamentos e das atitudes positivas.

(Barbosa, 2008)

Motivar uma equipe já não é tarefa fácil, mas manter o nível de motivação no dia a dia do trabalho requer muita dedicação, paciência, bom humor e estratégias tanto administrativas quanto psicológicas.

Para isso, no campo da lógica, podemos criar um modelo de recompensas que estimule sua equipe a produzir sempre mais. O reconhecimento dos méritos pode ser feito com premiações, como um presente, um certificado, ingressos para o teatro, uma viagem ou um bônus financeiro, por exemplo. Uma promoção, um plano de carreira ou aumento de salário podem constar das previsões da empresas para quem demonstrou merecimento ao longo de determinado tempo. Seja qual for a forma estabelecida, o que não pode passar despercebido é o reconhecimento da dedicação e do comprometimento do colaborador com a empresa.

No aspecto psicológico, a palavra, o gesto ou o toque podem funcionar como o maior e mais potente estímulo para manter e revigorar a motivação do trabalho. Um "muito bem", um "excelente" ou um simples "tapinha nas costas" podem produzir um efeito fantástico no ambiente de trabalho. Para isso, é necessário prestar atenção nas pessoas! Conhecer o perfil (ver DISC, Capítulo 8), lidar com as diferenças e suas necessidades inerentes, entender suas características e respeitar cada tipo de personalidade constituem a forma participativa da gestão moderna de pessoas.

Liderar é colocar-se a serviço da sua equipe; é estar sempre em sintonia com seus comandados e reconhecer em cada um deles as suas próprias necessidades.

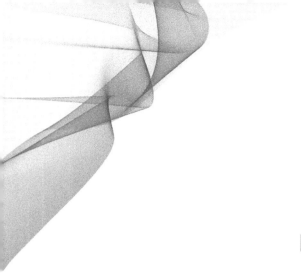

Referências

AMERICAN COLLEGE OF SPORTS MEDICINE (ACSM). *Recursos do ACSM para o personal trainer*. Rio de Janeiro: Guanabara Koogan, 2006.

BARBOSA, M. S. *Treinamento personalizado*: estratégias de sucesso. Dicas práticas e experiências do treinamento individualizado. São Paulo: Phorte, 2008.

CAMPOMAR, M. C.; Ikeda, A. A. *O planejamento de marketing e a confecção de planos*. São Paulo: Saraiva, 2006.

CARROL, L. *Alice no país das maravilhas*. Lisboa: Dom Quixote, 2000.

CONTURSI, E. B. *Marketing esportivo*. Rio de Janeiro: Sprint, 1996.

COVEY, S. R. *Os 7 hábitos das pessoas altamente eficazes*. Rio de Janeiro: Elsevier, 2003.

_____. *O 8º hábito*: da eficácia à grandeza. Rio de Janeiro: Elsevier, 2005.

DAVIS, M. *Teste sua inteligência emocional*. São Paulo: Arx, 2006.

DERZI NETO, T. J. *Comunicação e negociação em eventos esportivos*. 2. ed. Rio de Janeiro: Sprint, 2008.

DRUCKER, P. F. *Fator humano e desempenho*: o melhor de Peter F. Drucker sobre administração. São Paulo: Pioneira Thomson Learning, 2002.

FARIAS, E. *Planejamento e gestão de carreira profissional*: ferramentas e ações para sucesso. Rio de Janeiro: Sprint, 2005.

HAMEL, G.; PRAHALAD, C. Strategic Intent. *Harvard Business Review*, v. 67, n. 3, p. 63-76, may/jun. 1989.

HUNTER, J. C. *O monge e o executivo*. Rio de Janeiro: Sextante, 2004.

JÚLIO, C. A. *A magia dos grandes negociadores*: venda produtos, serviços, ideias e você mesmo com muito mais eficácia. Rio de Janeiro: Elsevier, 2005.

KOTLER, P. *Administração e marketing*. São Paulo: Prentice Hall, 2000.

Nogueira, E. M. *Como ser um gestor vencedor*. Rio de Janeiro: Sprint, 2003.

_____. *Como entrevistar, selecionar e contratar*. Rio de Janeiro: Sprint, 2003.

Project Management Institute. *A Guide to the Project Management Body of Knowledge*. PMBOK Guide Fourth Edition, 2008.

Saba, F. *Liderança e gestão*: para academias e clubes esportivos. São Paulo: Phorte, 2006.

Universidade estadual paulista (UNESP). *50% das empresas quebram antes de 2 anos*. Disponível em: <http://www.agr.feis.unesp.br/fsp12082004.php>. Acesso em: 5 ago. 2010.

Venlioles, F. M. *Manual do gestor de academia*. Rio de Janeiro: Sprint, 2005.

Sites consultados

<www.lellocondominios.com.br>. Acesso em 20 jan. 2010.

Sobre o livro
Formato: 14 x 21 cm
Mancha: 8,5 x 16
Papel: Offset 90 g
nº páginas: 192
1ª edição: 2011

Equipe de realização
Assistência Editorial
Nathalia Ferrarezi

Assessoria Editorial
Maria Apparecida F. M. Bussolotti

Edição de Texto
Renata Sangeon (Preparação do original e copidesque)
Juliana Maria Mendes (Revisão)

Editoração Eletrônica
Renata Tavares (Projeto gráfico, capa e diagramação)

Impressão
Forma Certa